みんなの台所暮らし日記

つくる、食べる、片づける
を楽しむ場所。

SE
SHOEISHA

はじめに

暮らしの中でとても大事な場所が、台所です。料理をして、片付けて、また料理をして……。忙しい日々の中でも、少しずつ自分らしいやり方を見つけ、使いやすく居心地のよい場所にしていく楽しみもあるものです。

本書はさまざまな暮らしの中で、自分なりの台所のかたちを見つけている人気のブロガーさん、インスタグラマーさん26人の台所にまつわる暮らしの写真日記です。

毎日の料理を通じて、家族への愛情が伝わってくる台所。すっきりキレイに整った美しい台所。使いやすそうなシンプルキッチン。とっておきの調理道具が並ぶ個性的な台所。こだわりや方法はさまざまですが、みなさん台所を大事に、暮らしを大切にしている様子が伝わってきてとても素敵です。

また、台所での時間割や、朝家事・夜家事での工夫についても教えてもらいました。普通の生活をしている人たちによる、普通の台所だからこそ、今日から真似できることもたくさんありそうです。

ごはんを作りたくない日もあるけれど、だいたい毎日台所でがんばっている人たちへ。

お友達のおうちの素敵な台所におじゃましているような気持ちで、パラパラとページをめくっていくうちに、なんだか新たなやる気がわいてくる本です。

Contents

みんなの台所暮らし日記

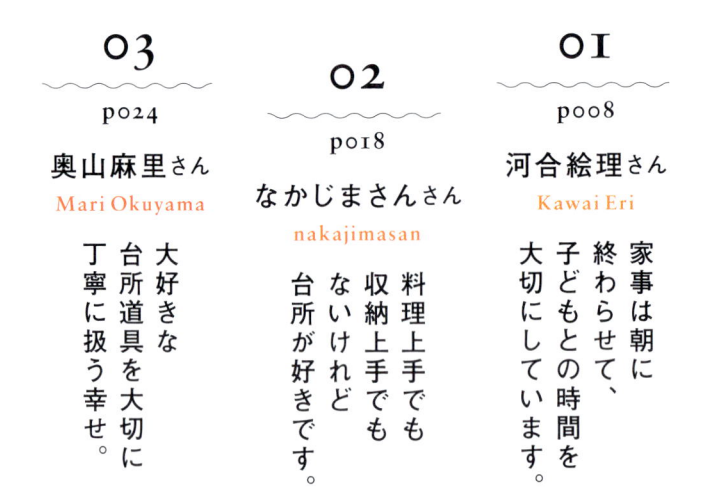

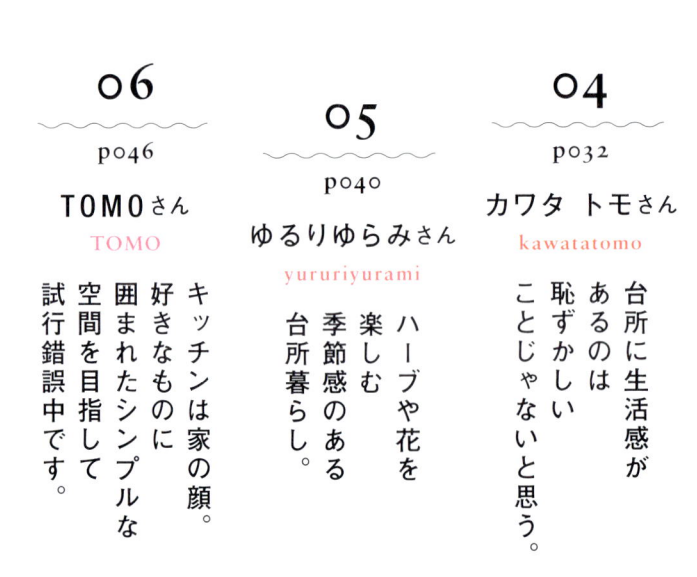

07
p054
ゆうこさん
yuko
そのままサーブできる
ストウブ鍋なら
洗いものも少なくなります。

08
p060
はっぱさん
happa
ドイツ在住。
いつも気持ち良く
台所に立てるよう
工夫しています。

09
p066
本居なつこさん
Natsuko Motoi
祖父母が住んでいた
古い家を改装。
お気に入りのキッチンに。

10
p072
うりゃさん
urya
見せる収納で
散らかりにくく
片付けやすく
なりました。

11
p078
shioさん
shio
掃除しやすく
シンプル・スッキリした
キッチンを心がけています。

12
p084
chiiさん
chii
こだわって作った
台所は
私の特等席です。

13
p090
さきこさん
sakiko
大好きな
北欧食器や
キッチン用具で
楽しい台所時間。

14
p096
ゆみさん
yumi
台所仕事は、
家族の元気を
支える基礎。

15

p102

ユキさん

yuki

「お弁当作り
＝気が重い」は卒業！
料理は楽しみながら
頑張ります。

16

p108

タエコさん

taeko

DIYで作り上げた
念願の台所。
すべてが
お気に入りです。

17

p112

leafさん

leaf

料理が一番
好きな家事なので
キッチンはこだわって
作りました。

18

p116

小藤郁代さん

Kofuji Ikuyo

好きな音楽を
かけながら
キッチンに
立つことが好きです。

19

p120

kumyさん

kumy

家族の笑顔に
支えられて、
台所しごと、ぼちぼち
楽しんでいます。

20

p124

わかこさん

wakako

特別なことは
していませんが
家事が好きです。

21

p128

winedelunchさん

winedelunch

台所は私自身と
言ってもいい場所。
毎日のことだから
工夫して楽しく。

22

p132

陽子さん

yoko

子育てが終わり
家事を
趣味のように
楽しんでいます。

23

p136

ryokoさん

ryoko

フルタイム勤務なので
家事は分担し、
効率的に習慣化して
取り組んでいます。

24

p140

鍵野めぐみさん

Megumi Kagino

シンプルな中にも
あたたかみの
あるインテリアを
目指しています。

25

p144

hanaemiさん

hanaemi

コーヒーが
家族をつなぐ
アイテムです。

26

p148

ちえさん

chie

リノベーション
したキッチンで
小さなストレスが
解消されました。

01

河合絵理さん

Kawai Eri

家事は朝に終わらせて、子どもとの時間を大切にしています。

30代、主婦。大阪のはしっこで築34年の家を一部リフォームして暮らしています。台所はうちの中でいちばん好きな場所。出窓から見える外の緑を見ながら、もくもくと作業するのが好きです。毎日のおうちごはんは特別なごちそうではないのですが、旬の野菜をいただいたり、子どもたちの「今日な〜」「あんな〜」の声を聞いたりしながら楽しく食べる時間を大切にしています。

家族構成

夫、自分、長女（6歳）、次女（5歳）、長男（2歳）

▶ 台所に関して、過去と今とで変化したこと

以前は好きな雑貨や道具を、もっと見せる収納にしていました。今は掃除のしやすさや見た目のスッキリさから、なるべくしまう収納に移行しているところです。／子どもが増えるたびに、どんどん朝の台所しごとの時間が増えました。

▶ 今の台所についてもう少しこうしたいというところ

特に不満はありません。

▶ 台所仕事に関してこれからやりたいこと

土鍋でごはんを炊くこと。／家族がもっと手伝いをしやすいように収納や配置を工夫していきたい。

Instagram
@erifebruary10

▶ 2015年 12月 15日

夜家事終了！

いつも子どもと一緒に寝てしまうので片付けも早めに済ませます。

和の器はしっかり乾かしたいので、拭いたあと椀かごに入れ、このまま朝まで置いてから棚に戻しています。鉄瓶は2年前に買いましたが、朝一番にお白湯を飲むために毎日使ってます。

2016年 01月 05日

食器棚をきれいに片付けました

食器棚から器を全部出して棚を拭きました。あ～すっきり。思ったより時間もかからなかった。さあやろう！　と腰を上げるだけで、わりと短時間でできることが多いのに気付く。

この調子で冬休み中にやりたいと思ってウズウズしていたところを、ひとつずつ片付けていきたいです。

1

2

2016年 01月 14日

引き出しの中を掃除しました

今日はキッチンのいちばん下の深い引き出し1を掃除しました。ちょこちょこ掃除はしているけれど、全部出すのは久しぶり。ほとんどファイルボックスを並べて収納しているので、思ったよりも時間もかからず。きれいに拭いて、風を通して元通りに234。

1

2

3

4

▶ 2016年 01月 15日

自分で作るとたくさん食べる

お昼ごはんはのりでくるんだ小さいおにぎり。子どもたち、自分で作りながらだと、いつもよりたくさん食べました。おひつは「めしびつころりん」という伊賀の陶器です。

▶ 2016年 01月 25日

買い物前の大事な時間

買い物へ行く前には、料理本とにらめっこしながら買うものを書き出します。お店で悩まないように（子ども連れの場合がほとんどなので）。お店にいる時間よりこの時間のほうがきっと長いと思いますが、大事な時間。

だいたい3日分くらいを目安に買い物します。一度に数日分の献立を考えることで、トータルの栄養のバランスをとったり、同じ食材を使って作れるレシピを考えたりできます。献立が決まっていると、「今日の夜、何にしようかな～」から逃れられるし、朝から下ごしらえにも取りかかれます。

2016年 02月 11日

台所と寝室で使っている時計

いつも台所仕事をしながら時間が気になることがしばしば（後ろを振り返れば時計があるのだけれど）。

これまで目覚ましは携帯のバイブでした。でも寝るときに携帯をそばに置くと、電磁波の影響もあるだろうし、つい夜中に見てしまうのもやめたいと思い、シンプルな時計を長らく探していました。いろいろ探した結果、スッキリとしたデザインのBRAUNの目覚まし時計にしました。

日中は、台所に。寝るときは寝室へ。ひとつの時計が1日中活躍してくれます。

mini column 台所での毎日の時間割

04:50	乾かしておいた器や鍋をしまう。 夫の朝ごはん、お弁当（夫と次女）作り
05:40	鉄瓶で白湯を沸かす。 だし用昆布を水につける
06:00	自分と子どもの朝ごはん支度
07:30	晩ごはん下準備。私と長男の昼ごはん支度
08:30	片付けをしていったんリセット
11:30	わたしと長男昼ごはん。片付け
12:30	（長男昼寝中）晩のおかずの仕上げ
18:00	晩ごはん。片付け
20:30	夫の晩ごはん。翌日の献立の下準備。片付け。 ふきん類取り替え。生ごみを捨てる

お弁当作りを終えて旦那を見送ったあと、勢いで朝ごはん支度をしながら、夜の分のミートボール作り。

2016年 02月 16日

おやつタイム

泣き虫な息子。いまだに後追い、わたしじゃないとだめなことたくさん。もうすぐ2歳。どんな未来があるのかな。

今のわたしにできることは、あったかいごはんとお布団を用意して、いっぱい抱っこしてあげること。一緒に笑うこと。

2016年 02月 19日

朝家事終わり

洗い物が終わればそのままキッチンスポンジでシンクも洗います。何日かに一度は「ワイドハイター」で除菌。キッチンスポンジはいろいろと試した結果、楽天市場で人気のあった「サンサンスポンジ」にたどり着きました。

見た目、水切れ、使い心地、コストパフォーマンス、どれをとってもナンバーワン。旦那にも洗いやすい！　と好評です。

天気がいいので家事のはかどる日。勢いのある午前中に。

▶ 2016年 03月 18日

3年目のテーブル

1日に何度拭くのだろう、のテーブル。購入して3年目、経年変化が美しい。使うごとにどんどん愛着が増しています。
いつの間にか当たり前になっていること。「使っていないときには何も置かない」。「椅子はそろえる」。3年目もよろしくお願いします。

▶ 2016年 03月 20日

何でもない日

1歳4カ月違いの姉妹。仲のいいとき、けんかばかりのときもあるけれど、ふたりは同志であり、いいライバル。どんどん、わたしの知らないことが増えていくんだろうな。

ふたりが小さい頃住んでいたのは階段しかないマンションの4階。おんぶに抱っこで上り下りして、買い物に行ってたなあ。夜泣きでなかなか寝ない次女をやっと寝かせたと思ったら、元気いっぱいに起きてくる長女。あの頃は24時間休みなしだったなぁ……。

そんなふたりが4月からは小学生と幼稚園に。わたしの役割はだんだん変わっていく。今できること、今しかできないことがある。「あとで」は2度と来ないかもしれないから、今という時を一緒に生きよう。

2016年 04月 09日

朝の台所リセット

土曜日朝の、台所リセット。新生活に、ざわざわばたばたと、落ち着かない日が続くだろうと思いますが、部屋を整えることは続けたいです。昼からは出かけるので、午前中にやることを一気に片付けます。

2016年 05月 23日

1日の始まりに

うちの台所は東側にあるので天気のいい朝は、朝日がまぶしいほど差し込んできます。旦那を見送ったあと、お白湯をすする時間が1日の始まりの好きな時間。

子どもたちが起きてこなければ、「買い物するものあるかな」「今日作るものは」「気になるあそこの掃除をしたいなあ」「今日はあの本を読もうかな」とか、調べたいこととか、とにかく1枚の紙に書き出します。

書き出したことはもう忘れていいので、目の前のことに集中できます。書き出すことで少しだけバタバタの1日を助けてくれる気がします。

献立に悩んだときは

晩ごはん、何にしようかな～と悩んだときは、家族の好きなものを作ります。好きなものだと多少頻繁でも文句は出ません。副菜のレパートリーを増やしたいと思い、本を見たりして食材の組み合わせ方など勉強中。

「マリメッコ」社の「ウニッコ」柄の水筒は長男の出産祝いに友達からいただいたもの。ちょうどこの時期、お白湯を飲み始めるのに鉄瓶も購入したところでした。毎日のわたしの友です。

mini column 朝家事、夜家事の工夫

朝家事の工夫

子どもが小さいので昼間や子どもが家にいる時間はなるべく家事に時間をとられないようにしています。朝にほとんどの下準備を終わらせることで、日中の気持ちの余裕ができる気がします。作り置きを頑張り過ぎたときもありましたが、食べきれなかったり予定が変わってしまったりすることもあるので、今は2、3日分くらいにしています。

出かけるときの工夫

出かけたり来客があったりするときには、帰ってからバタバタしないようにサンドウィッチとおにぎりなどパッと食べられるものを用意しておきます。

朝の下ごしらえ。しらすやハムも、容器に移すだけでぐっと使いやすくなります。

朝からたけのこ堀りに行ったときのお昼ごはん。帰ってきてすぐに食べられるように用意して出かけました。

2016年 06月 13日

娘たちと餃子作り

昨日は餃子。娘ふたりが包むのを手伝ってくれました。子どもたちと一緒に作るのは、時間はかかるけれど、それ以上のものがあります。わたしも小さい頃に家族で餃子を包んだことが、楽しい思い出として記憶に残っているし、子どもたちにも思い出になればいいなぁと思います。

　餃子のあんは、先日作っておいた、小松菜の塩もみとキャベツの塩もみがあったのであっという間にできました。水分が出て食感も残り過ぎず、青菜が苦手な次女も気付かずたくさん食べてくれました。

2016年 06月 26日

見えない内面を大事にしたい

やりたいことはたくさんあるけれど、ひとつずつ。以前は、自分も家も、外側を着飾ることばかり気にしていましたが、今は断然、内側（内面）です。目には見えないところ。自分のこころがスッキリすること。人にどう見られるかよりも、自分がどうしたいか。まだまだいろいろな面でお試し中ですが、ぶれない自分の軸ができるといいなぁと思います。

2016年 07月 01日

料理を好きになった理由

モロッコいんげん。干すといいと聞いたので干しています。

私が今、料理がわりと好きでいられるのは、小学校の夏休みに、卵10個使った卵焼きを毎日作り続けても「おいしいおいしい」って食べてくれたおばあちゃんがいたから。

おばあちゃんが亡くなって、わたしが料理をすることが多くなって、最初は全然見栄えもよくなくおいしくなかったはずなのに、「今日の○○また作って!」って言ってくれる父がいたから。

食べる人に喜んでもらいたい。おいしいと思ってもらいたい。そんな気持ちが料理には本当に本当に、大切だと思うのです。

そして、そんな気持ちを、うちの子どもたちにも伝えていきたい。

2016年 07月 04日

手間も時間もかかるけど

今日の朝家事、常備菜いろいろ。予定次第ですができる家事は先取りします。今日はめんつゆやマリネ液を作り、下準備にもなかなか時間と手間がかかったけれど、やっぱり食べたいと思うもの、おいしいなぁと思うものを作りたい。常備菜作りは、1日頑張って、2日休むという感じです。副菜ができていることになるので、作るのはメインと汁ものだけでいいと思うと、気が楽です。

ル・クルーゼの赤い鍋は、結婚したときに母に買ってもらったもの。カレーや煮物はもちろん、たいていは毎日のおみそ汁作りに使っています。

02

なかじまさんさん

nakajimasan

料理上手でも
収納上手でも
ないけれど
台所が好きです。

青森県在住。1日が72時間あればなぁと思いながら日々働き、暮らし、育てる40歳。料理に、片付けに、家にいる時間の大半を台所で過ごす。私は味付け上手でも収納上手でもないが台所が好きだ。自分が作ったごはんで人が育ち、笑う。家庭のお母さんに与えられたなんとも幸せな場所ではないか。私のつたない家事っぷりを寛大に受け止めてくれる家族がいる限り今日も台所に立とうと思う。

家族構成
果物屋の夫、高校生の息子、2歳の娘との4人家族

▶ 台所に関して、過去と今とで変化したこと

家族の生活サイクルがばらばらなので、作り置きおかずのありがたさを日々痛感。作り始めた頃よりもレパートリーも増えて、最近では冷蔵庫にズラッと並んだ完成品を眺めてニンマリするほどの余裕も出てきた。

▶ 今の台所についてもう少しこうしたいというところ

そこそこ収納能力のある台所だが、自分の収納能力が追い付いていない。とりあえずここに入れておこう的な考えを改めたい。

▶ 台所仕事に関してこれからやりたいこと

ストックがないと嫌だし、夫婦で器好きなので、物が多い！食器棚の整理にそろそろ着手したい。

Instagram
@alenhitujinori

▶ 2015年 04月 04日

この場所に軟禁状態なので

ちょこっと雑貨を入れ替えたりコーヒーセットを充実させたり。自分なりのキッチンメンテナンス。家にいるときはこの場所に軟禁状態なので少しでも楽しく過ごすための工夫なのだ（泣）。頑張れ自分！

2016年 01月 30日

娘のために

最近の朝ごはんはロールサンドがお気に入りの娘ちゃん。タマゴや野菜なんかを挟んでパクッ。ロールサンドがないと「今日はパンパンないの?」と聞いてきます。そんな娘ちゃんのためにサンドウィッチの本を買いに行こうと思います。料理好きだが、決して上手ではない母。母ちゃん頑張るよ。

2016年 02月 23日

念願のトースター

とうとう念願のトースターがやってきた。TWINBIRDのミラー仕様のおしゃれさんトースター。

旦那にわたしがどんなにパンが好きか、地道にプレゼンを重ねてきた努力が実を結びました。それにしても電器屋さんに行ってびっくり。最新のトースターっていろんな機能があるんですね。パンがぴょ——んと飛び出すトースター世代のわたしには、最新のトースター売り場はまぶし過ぎました。これで毎日おいしいパンをもりもり食べようと思います。

2016年 02月 27日

ガチャガチャ型ストッカーを与えてみた

ガチャガチャ大好きの娘ちゃんにガチャガチャ型ストッカーを与えてみた。中身の卵ぼーろが嬉しいのかガチャガチャ具合が快感なのかとにかく気に入ったご様子。これでお出かけ時のガチャガチャ熱が治まりますように(切実)。

2016年 03月 04日

米びつの収納

新しい道具が増えると置き場所に困る。困った結果、本棚に米びつを置くという斬新な配置替えになりました。ブリキ米びつかガラス米びつか迷って、こちらのガラスジャーを使っております。５キロのお米が入ります。重いんですがね（笑）。

2014年 04月 06日

ざるが大活躍

今日の台所。ざるを見て思う。今夜の献立は冷たいお蕎麦にしよう。我が家ではカレーライスにつぐ人気献立が、蕎麦。それにだし巻き卵を作っててんぷらも少し揚げようかな。ざるが大活躍だな。

ちなみに我が家のざるは、ほぼ１００円ショップ（笑）。ザ・身の丈に合った暮らし（笑）。

2016年 04月 08日

ボリュームは小さめで

お気に入りの無印良品のＣＤプレイヤーで、音楽を聴きながら早朝から弁当・朝ごはん・夜ごはん作り。一気に済ませてしまいます。

まだ子どもたちが眠っているので、ボリュームは小さめで。起こさないように気を遣いながら母ちゃんは朝から頑張ります！母ちゃんって健気で頑張り屋な生き物ね。

▶ 2016年 04月 14日

朝ごはんを食べる娘

朝ごはんを食べる娘を見て思う。伸びてきた娘の髪型をどうしようか。旦那はお気に入りのぱっつん前髪を変えなければ、伸ばそうが切ろうがどっちでもいいらしい。おかっぱボブもかわいいけど、最近娘ちゃんは髪を結んでやると嬉しそう。小さくても髪型に気を使うあたり、女子だなぁ。

ちなみにうちは、旦那のゴリ押しにより座卓でごはんです。日本人なら座ってごはん！　とのこと。大きめの座卓を探すのに苦労しました。私はテーブルでおしゃれにごはん派なんですが……（笑）。

▶ 2016年 05月 24日

ほんの少し模様替え

今日の台所。ほんの少し模様替えしてみました。台所には置かないだろうなと思っていた動物雑貨が、ついに台所にまで！　置き場所に困ったための苦肉の策ですが案外お気に入り。我が家の「ズートピア」化現象が止まりません。

▶ *mini column*　台所での毎日の時間割

05:00	高校生息子のお弁当作り
05:30	晩ごはん作り。作り置きおかずとのバランスを見て数品作る。すべてラップして冷蔵庫へ
06:30	娘の朝ごはん作り
17:30	朝が早い夫用にお弁当作り
18:00	夕ごはん準備。といっても温めがメイン（笑）
19:00	後片付け。翌日の準備やチェック

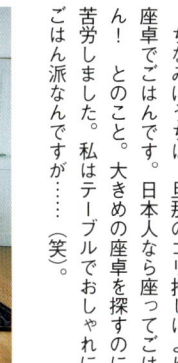

2016年 06月 17日

わが家の作り置き事情

週末の時間があるときに作り置きする家庭が多いなか、わが家は、平日朝に作り置きタイムを設けています。理由は、日曜日くらいゆっくりさせろよ！　です（笑）。

スーパーの特売を狙って買い物を済ませ、今週も作り置き頑張ります。おそらく旦那より働くわが家の買い物かごは、「ワランワヤン」のもの。サイズ感がちょうどいいので使っています。形からテンションを上げるタイプです。

2016年 06月 18日

浅漬けストック

浅漬けがおいしい季節です。旦那は漬け物がないとダメなタイプ。冷蔵庫には数種類の浅漬けストックを常備してます。最近になってやっと納得のできる調味料の割合を発見したのです。長かった漬け物研究の日々でした。これからも漬け物道に精進致します（昆布茶・塩メインで漬けていたんですが、砂糖を追加。それだけなんですけどね・笑）。

2016年 06月 20日

わが家の収納事情

家具が極端に少ないのに、モノが極端に多いわが家。当然、収納問題が発生するわけであります。解決策はりんご箱。青森県在住ですからりんご箱には困りません。木箱を重ねて即席棚の出来上がり。ありがとう！　りんご箱！

2016年 06月 23日

夕ごはん支度をお手伝い

娘ちゃんとピーマンの肉詰めを作る。ごはん作るよー、と声がけすると謎の帽子（メロンのネット）を被って登場。娘なりのコック長のイメージらしい。想像力と表現力と創意工夫がスゴいね！『全日本仮装大賞』の欽ちゃんだったらきっと満点くれると思うよ！

2016年 07月 30日

数日かけて台所を整理

数日かけて台所を整理しました。使っていないもの（100円ショップで買った便利調理器具とか、実家から持たされた謎の食器とか……。）をまとめたら、ごみ袋2個になりました。今までこれほど収納していた自分に驚く。この収納力の高さは日頃やっているパズルゲームによる鍛錬のおかげと思っております。

mini column 朝家事、夜家事の工夫

朝の家事

出勤前にだいたいの家事（掃除・洗濯物たたみ・料理）をこなしてしまうので、本当に朝は大変です。でもこれをやっておくと夜に時間の余裕が生まれるのでサボるわけにはいきません。なぜなら日中保育園に通っている娘と接する時間を確保したいから。お母さんは頑張ります。

登園&出勤の5分前の風景。

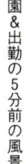

03

奥山麻里さん

Mari Okuyama

大好きな台所道具を大切に丁寧に扱う幸せ。

仙台市在住。5歳の娘と3歳の息子のふたりの子どもを持つ20代専業主婦。古き良き日本の文化、継承される伝統工芸品の技術や技の魅力に魅了され日常生活に取り入れています。そんな大好きな道具たちと向き合い、新鮮な食材を調理するのが最高の幸せ。物を持たずして豊かな暮らしを……。丁寧に暮らすことを最大の目標にしています。

家族構成

主人、私、長女、長男

▶ 台所に関して、過去と今とで変化したこと

転勤族なのですが借家暮らしのとき、下の子も小さかったこともあり洗い物をまとめて夜に洗ったりということが多かったのですが、家を建て下の子も大きくなった今は朝、昼、夜とその都度洗い、シンクの中に何も残らないようにしています。気分的にもスッキリです。

▶ 今の台所についてもう少しこうしたいというところ

キッチンにアイアンの棚を付けたいです。

▶ 台所仕事に関してこれからやりたいこと

冷蔵庫横に収納スペースを作りたいです。

Instagram
@S.MARIMOCCO

▶ 2015年 02月 22日

お気に入りをキレイに

何を作ったの?的な感じだけど、特に作っていない（笑）。お気に入りの食器や道具をキレイに洗いました。北欧食器・ロールストランド社の「モナミ」と「WECK」のガラス容器と「フィスラー」の鍋。モナミの底裏もかわいいし、ステンレス製でガツガツ使えるこのお鍋もお気に入り。食器をいじってる時間もすごく好き。

2015年 02月 28日

重宝している「棕櫚ほうき」

見るたびニヤニヤしてしまう「棕櫚（しゅろ）ほうき」。「山本勝之助商店」の茶釜洗いほうき。茶渋もちゃんと落ちて、この子はホント重宝してます。

2015年 03月 24日

そろそろ模様替えしたい

キャビネットの食器の一部。お気に入りの、「イッタラ」「イイホシユミコ」「カステヘルミ」「モナミ」「マリメッコ」などなど……。そろそろ模様替えかな。子どもたちが寝る前はオルゴール、寝たあとはボサノヴァを聞いています。やっぱりボサノヴァは休日の朝にのんびり支度しながら聞きたいけど、平日の忙しい朝に気持ちを落ち着かせるために聴くのもまたいいな。

2015年 08月 02日

モノを丁寧に扱うこと

釜定さんの南部鉄器「鉄瓶」を久々に磨いてあげました。

心に余裕がなくても、浮かれていても沈んでても、モノを大切に、丁寧に扱うことができれば、自然に落ち着いてきたりする不思議。すべて丁寧じゃなくても、何かひとつだけでいいから丁寧に……。これは私の中でいちばん大切なことなんだと気付いた今日この頃でした。

2016年 02月 18日

青い壁にアクセント

イエローの鳥サンのオブジェをつけてもらいました！　職人さんと何回も何回も位置や角度を調整し、いざビス止め！　気持ちいいくらい羽ばたいてくれています。

ブルーの壁にイエローの鳥サン。最高にかわいくて気に入っています。いいアクセントになってくれました。娘は帰ってくるや否やすぐ気付いて、両手を合わせてお祈り？してました（笑）。

自己流・生ベーコン作り

ちゃちゃっと生ベーコンを仕込む。適当に自己流で（笑）。これを仕込むときは岩塩がお気に入り！ 保存容器はもちろん野田琺瑯《ほうろう》。キッチンペーパーを交換しました。ハーブのいい香り。早く食べたい。片方はベーコンにする前、ゆで豚にして食べようかな。

mini column　台所での毎日の時間割

05:15	鉄瓶でお湯を沸かしながら掃き掃除
05:25	主人の朝ごはん、お弁当作り
05:50	主人の食事と共にお茶を飲む
06:20	主人の食器洗い
07:00	子どものお弁当作り
07:30	子どもの朝食作り
07:40	子どもたち食事
08:40	私食事
09:20	食器・シンク洗い
09:30	第2回お湯を沸かす
12:00	昼食作り

12:30	食事
13:00	食器洗い、シンク洗い
13:30	夕飯下準備1回目（幼稚園の迎えで中断）
14:30	夕飯の下準備2回目
17:00	夕飯作り
18:30	食事
19:30	食器洗い
23:00	第3回お湯を沸かしながら掃き掃除
00:00	洗い物、シンク掃除
00:20	朝食の食器並べ

2016年 02月 26日

衛生的なキッチンハサミ

娘は強いアレルギー持ちなので、毎日お弁当持参で登園しています。今日のお弁当はカツ。カツは薄めにスライスし、揚げたあと、さらにハサミでカット。

我が家は調理用菜箸を排除したので、揚げ物もトングを使います。「仙武堂」の「焼肉トング30」で揚げたら、「鳥部製作所」のハサミ、「キッチンスパッター」でカット。

このハサミ（スパッター）とっても優秀なんです。取り外せて衛生的だし、切れ味も最高。そして男前で言うことなし。私のオススメです。

2016年 02月 15日

便利なパントリー

正面1には、調味料ストックや、新聞紙、洋鍋、おひつ、手作りマスク、ポケットティッシュ、子どもたちのお薬、医薬品、お掃除用具、筆記用具などを。2には、調味料やお米、文房具ストック、手作りおみそや調理器具など。

1

2

2016年 06月 17日

夜のうちに食器をセット

朝おはようと同時にバタバタなので、夜のうちに朝食の食器をセットしておやすみなさい。

朝起きてからが楽。
鉄瓶でお湯を沸かしてる間に、伏せてた器をセットしています。

2016年 06月 18日

お気に入りの壁

朝、日中、夜。陽の入り方や照明の有無、どこの照明がついてるか等で色の出方が違うこの壁。明るいブルーになる朝もネイビーになる夜もどちらも好き。

この壁に穴を開ける勇気がなくて、まだ飾り棚をつけられず。スッキリ使いたいような、飾りたいような……。鉄瓶を増やそうかな。

▶ 2016年 06月 18日

お気に入りのお鍋でそうめん

〝日本の夏〟的な昼食。この前の参観日の疲れが出たのか、朝から不機嫌ぐったりな娘。朝起きてすぐまた寝に入り、かわいそうだなーと思い、今日はそうめんパーティにしました。冬はお鍋で活躍してくれた「釜定」の洋鍋。夏にはそうめんで活躍してくれそうです。

▶ 2016年 06月 20日

わが家のオキシクリーン週間

オキシクリーンでのオキシ漬け。前からやりたかったのに、排水口のふたが見当たらず、片付けしてたとき思い出したのです……捨てたことを……。即インターネットで注文し、だいぶ経った頃我が家に届きました。晴れ間がたまに出る今日、初オキシ漬けにしてみました。コストコで買ったオキシクリーンを、お湯で溶かしてアワアワにして、鍋類を漬けるとピカピカに。同時にステンレス磨きもしました。

2016年 07月 08日

収納について考える

昨晩早めに子どもたちが寝てくれたので、じっくりと収納やモノについて考えることができました。家族で一番モノが少ないのは絶対私で、反対に一番モノが多いのは間違いなく主人。主人がきちんと整理できるようにモノのお部屋を作ってあげ、主人専用BOXをキッチンパントリーに設置。結果正解だったようでリビングやほかの部屋に投げっぱなしというのがなくなりました。

mini column 朝家事、夜家事の工夫

私のお弁当作りのルール

下準備や常備菜を仕込むときに使う保存容器は決めています。「OXO」の「スナップガラスコンテナ レクタングル」は汁物、「野田琺瑯《ほうろう》」と「iwaki」の「pack&range」は野菜やお肉。自分のルールで分けて仕込んでおくことによって毎日のお弁当や食事作りがぐーんと楽になりました。

夜の家事

夜寝る前にお茶を飲むのですが、飲み終わったカップひとつでも必ず洗い、キレイなシンクで朝が迎えられるようにしています。

また、朝、食器をガチャガチャ用意することがないよう、家中をリセットしたあと、夜のうちに個々のトレイの上に食器を伏せて用意しておきます。

キレイなキッチンで朝を迎えられるように。

04

カワタ トモさん

kawatatomo

神奈川県在住、30代、主婦。元ゲームメーカー広報。激務により心のバランスが崩れかけ、そのときに台所に立つことや台所道具に触れることで心が癒やされてれることに気付き、料理の持つ力を強く感じるようになった。現在は3歳と0歳の子どもたちの世話の合間をぬって台所に立つ日々。

家族構成

夫、息子ふたりの4人家族

▶ 台所に関して、過去と今とで変化したこと

銅鍋を使うようになったこと。初めて買った大きめの「ソトゥーズ（炒め鍋）」で熱伝導の良さと味の違いに感動し、銅鍋の魅力にはまりました。スープはうまみが強く出るし、水分が少し少ない作り置きのおかずの温めでも焦げ付かず、とても便利。結婚前のへそくりが次々銅鍋に消えていきます（笑）。お手入れに手がかかるとはいいますが、それほど気にしなくてもいきなり緑青は出ませんし、逆に手間がかかるところもかわいいヤツ、という感じです。

▶ 今の台所についてもう少しこうしたいというところ

パントリーが雑然としているので、ここを何とかしなければと思っています……。

▶ 台所仕事に関してこれからやりたいこと

作りおきから展開する料理のレパートリーを増やしたい。トマトスープから煮込みやパスタへ、牛丼から肉じゃがやカレーなどへは我が家定番の展開料理ですが、そんな展開料理のレパートリーを増やして食卓をもっと賑やかにしたいです。

台所に生活感があるのは恥ずかしいことじゃないと思う。

Instagram
@kawatatomo

▶ 2015年 09月 06日

この台所が結構好き

買い物の袋が置いてあったり、これから片付けないといけない鍋が放置されていたりのひどいありさまだけど。

この薄暗い感じの台所が結構好きです。好きなものに囲まれていたい性分なので、隠す収納は絶対に無理。

2015年 11月 13日

ムーランでトマトソース作り

保存用のトマトソースは、料理に合わせて具材を加えて使いたいので、香味野菜もすべてムーランで濾《こ》す。ムーランはトマトペーストを作るときにも便利で、最近登場率が高い。

2015年 11月 19日

銅鍋でクラムチャウダー

銅鍋でクラムチャウダー作り。

鍋はいろいろ使ってみたけれど、銅鍋の実力にいつも舌を巻く。本当に柔らかく均一に火が通る。これでホットケーキを焼いたら、一枚目から均一な焼き目、ふわふわなのに表面の適度な固さ、スキレットのカリッとした焼き目ともまた違う。そして何より火の通りが驚くほど早い。早過ぎて、鉄フライパンと同じ感覚で焼いていたら、一枚目は裏面を焦がしてしまった。

たくさん回り道をしたけど、最終地点にたどり着いた感じ。そして、銅鍋を使うのが楽し過ぎて、ますます台所仕事が好きになった。死ぬまで使い込みたい道具です。

2015年 12月 29日

ご馳走の名残

長男の誕生祝い、クリスマス、次男のお食い初めとイベント続きで、冷蔵庫と冷凍庫にちょこちょことご馳走の名残が……。年末までのミッションはこれらを胃袋に収めること。

今日は午前中に長男の予防接種、午後に美容院に行ってきた。料理ができないときに、いいタイミングで用事を済ませることができてすっきりです。

2016年 01月 03日

葉付き大根をいただいた

自家菜園の立派な葉付き大根をいただいてきたので、早く葉を塩漬けにしなければ。今日から台所仕事も通常運転です。

2016年 01月 06日

かつおだしは濃いめに

おだし味の和食が大好きな長男（3歳）のためにも、かつおだしを欠かさない。たくさん引いても、あっという間になくなる。

しっかり濃いめにだしを引くようになってから、和食が格段においしく作れるようになった（自分比）。

2016年 01月 22日

包丁を研ぐ

部屋の乱れは心の乱れとはよく聞くけれど、私の場合、包丁を研げない日が一定以上続くと、心に余裕がない証拠。

だいたいのものをこれで済ましてしまうペティナイフは、1〜2週間に1回は研ぐようにしているけど、今回は少し間が開いていた。頻繁に研げば、それだけ1回にかける時間は少なくていいわけで、そもそも素人の包丁研ぎなんて、そうそう時間もかからないわけなんだけれど、心に余裕がないときは砥石に手がのびないんですねぇ。今日はこの通り、久々に心に余裕を持てているようです。

2016年 02月 02日

生活感があってもいいと思う

台所の生活感や洗濯物が干してある風景から、人の営みとか幸せの空気を感じる。

台所に生活感があるのは、恥ずかしいことじゃないと思う。

来てくれる人が台所を見るとお料理好きなんですねと言ってくれるのが少し嬉しい。

2016年 02月 02日

胡麻和えが好き

胡麻和えがとても好きで、毎週とりあえず青菜を買って、用途に迷ったらまとめて作る。

大きな鍋の中で青菜をゆでるのも、なんだか気持ちが豊かになる感じがしてとてもいい。30センチくらいの鍋で青菜をゆったり泳がせるのが好き。無水調理のほうが栄養が逃げないと昔何かで読んだけれど、自分の好きに従うほうが気分よく料理ができるので、最近は大鍋派。すり鉢を使って胡麻をすり、ああ料理をしているなぁ、という実感があるのがいい。炒りたての金胡麻たっぷりと、きび砂糖と醤油でうちの味。

mini column 台所での毎日の時間割

03:50	食洗機の食器、乾かしておいた和食器の片付け、お弁当作り
04:40	台所とダイニング拭き掃除など
06:00	朝食準備開始
07:20	朝ごはんの片付けを終える
08:30〜14:00頃	自家製酵母パンの仕込み、焼き菓子の準備、夕飯の下ごしらえほか
16:30	夕飯仕上げ、パンの仕上げなど
20:30	食器、台所の片付け

2016年 02月 21日

今年もみそ作り

暖かくなってきてしまったけど、今年もみそ作り。今年で5回目くらいになるのかな、去年くらいから心理的ハードルが低くなってきていて、気持ち的にそれほど頑張らなくても仕込めるようになってきた。今年は乳飲み子がいるので5キロ。

2016年 03月 17日

刻む料理が好き

きんぴらやらコールスローやらミートソースやらの、「均一に刻んで調理する」メニューを作るのがとても好き。

刻んでいるときに無心になれて、刻み終わった時点でほとんど調理は終わっている的な感じ。きんぴらなんて、刻んだ時点で仕上がりまで想像できてしまって、均一に美しく刻むこと、それを心がけることがどれだけ味に影響するかを毎回思い知らされるメニューなわけで、そこがストイックでとてもいい。まあ、きんぴらの味が好きというのが一番なんだけど。

2016年 03月 28日

雨の日は料理天国

雨の日は子どもに付き合って公園に行かなくてもいいので、料理天国。

とはいえ、長男が昼寝するまでは相手したり邪魔されたりでなかなか集中できないのだけど。

2016年 03月 30日

ガスオーブンで焼き豚

焼き豚はガスオーブンにしてから、劇的においしくなったもののひとつ。かたまり肉は日持ちするし、マリネしておけば、あとは「オーブンに突っ込むだけ」とか「鍋でひたすら熱を加えるだけ」みたいな簡単な調理で、ものすごくおいしくなるからとても好き。週末の買い出しで買っておいて、なんとなくメニューを思い浮かべながら何かしらの味で漬け込んでおく。その週はとっても気が楽。

2016年 04月 02日

日本人の典型

だしを取りながらスコーンを焼き、そして並行してパンを仕込むという、何でも食べたい日本人の典型のような風景。

今は子どもたちが小さくて、できることも限られているけれど、自分のできることを少しでも丁寧にしたい。

2016年 04月 04日

季節の果物でジャム作り

季節のおいしさを長く楽しめるジャム作りも、台所仕事のなかで好きなもののひとつ。いちご2キロからできたジャムは大きいビン2つと小さいビンふたつ。

息子が「びんようき～」と盛り上がっております。家じゅう幸せな香り。

2016年 04月 10日

休日のお昼は用意しておく

休みの日はいつもお昼がばったばたになるので、最近はワンステップで食べられるようにマリネした食材を用意しておくことにしている。

今週は鶏肉の中華風照り焼き用マリネ。買ってきたものを片付けながら、フライパンで火を通すだけ。野菜は紫キャベツのピクルスにくるみを加えて、マヨネーズで和えてコールスロー風。買い出し後に授乳を挟んでもちゃんと昼の時間帯にごはんを食べられる。

2016年 05月 05日

記念日は肉……

結婚記念日のメインは、旦那の「肉」リクエストに応えてローストビーフ。記念日は毎回肉だな……。

ガスオーブンにしてからオーブン料理の機会が格段に増えた。オーブン料理は華やかでいいのです。

2016年 06月 11日

台所が愛おしいなと感じるとき

ぬか床をかき混ぜる。

かめは寸胴型なので、中がよく見えてかき混ぜも、ふちの掃除もしやすい。渋い見た目も好き。真夏でも、1日2回混ぜていれば平気でした。

2016年 06月 13日

サラダボウルが使いたくて

お気に入りのサラダボウルが使いたくてサラダを作る。すり鉢に盛り付けるサラダも好きだけど、やっぱりガラスもきれい。

ガラスのツール立てとツールたちが入ったその姿もとても気に入っている。

2016年 11月 16日

朝から夕飯の用意

今日はきかん坊の2歳児と産まれて2カ月の赤子を連れて予防接種。

きっと夕方はばたばたして、夕飯の準備なんかできないだろうから、朝から夜の分の魚を焼いた。

長男は最近パスタが大好きになって、いつもごはんタイムになると「ちゅるちゅる、ちゅるちゅる（食べたい）」を連発する。盛大に汚しながら食べるからアレなんだけど（笑）、ばくばくと食べる姿はなかなかに愛おしくて、かーちゃんは今日も朝からミートソースを作っておきました。

mini column 朝家事、夜家事の工夫

朝の家事

食器は完全に乾かしてから仕舞いたいので、夜洗ってしっかり乾いた食器を片付ける所からスタートです。前の夜から漂白しておいた布巾を手洗いして干すのも朝の大切な仕事。

夜の家事

洗い物が終わったあと、シンク掃除→排水ごみ受け掃除→蛇口周りの掃除→ふきんとスポンジを熱湯と酸素系漂白剤で漂白までを一通りやっています。毎日のことなので体が覚えているので流れ作業的に済ませられ、なにより毎日やることで汚れがたまりません。

せいろや竹製品もしっかり乾かしたい。

05

ゆるりゆらみさん

yururiyurami

主婦。「新旧和洋折衷のある衣住」と「なるべく身体に負担のない食」を暮らしの基本としています。「奇天烈妄想堂」という名義で、体にやさしいパンや焼き菓子、ジャムや調味料を作り、お友達と知り合いにお分けすることをのんびり楽しんでいます。

ハーブや花を楽しむ季節感のある台所暮らし。

家族構成

夫婦

▶ 台所に関して、過去と今とで変化したこと

数年前から朝食を軽めに済ますようにしているので、それをきっかけにお弁当のおかず作りを夕食の準備時にやるようにしました。／アンティークのカトラリーや器を取り入れるようになりました。／台所に植物を飾るようになりました。／ピーラーなどの便利調理器具を使わなくなりました。／テーブルクロスを季節や天気で楽しむようになりました。

▶ 今の台所についてもう少しこうしたいというところ

——

▶ 台所仕事に関してこれからやりたいこと

醤油を作ってみたい。／野草料理や和菓子や薬膳料理を勉強したい。

Instagram
@yururiyurami

▶ 2016年 01月 13日

棚掃除！

ピチカート・ファイブを聴きながらの棚掃除！　友達からも施工会社の方からも言われること。「ゆらみさんちは全体的に収納が少ないですよねー」。

リノベーション当初から収納は最小限にと言ってました、わたくし。デザイナーさんからは少なくて大丈夫ですかね？と度々心配されたりも（笑）。あたしは収納もインテリアだと思っていて。最終的に自分が目指したい空間を考えると、最小限に作っておくのがいいんじゃないかなーと思ったわけなんです。

2016年 01月 15日

楽しいコーヒー生活

ミルを買ってからというもの、断然コーヒー生活が楽しいものとなりました♪　今はいろんなお店のコーヒー豆を楽しみながら模索中。コーヒー道具も少し買い足して自分なりの好みを整えました。

「カリタ」の「ナイスカットミル」、粉受けは「WECK」、挽いた粉は「syuro」の缶、掃除用のブラシは「レデッカー」、コーヒーメジャーは「椅子ノ杜五郎」さん。「月兎印」のポットに「リカシツ」のビーカーに「カリタ」のドリッパー。気が付けばわりとシンプルなラインナップ。

2016年 02月 05日

テーブルクロスを新調

今朝、よもぎ食パンのトーストを食べていたら……久しぶりに映画『しあわせのパン』が観たくなりました。

先日、テーブルクロスを新調しまして。クロスはそこそこ持ってはいるけれど。基本のホワイトリネンは意外に持っていなかった。部屋の雰囲気が結構変わって、あたし的にはめちゃめちゃ新鮮な気分（笑）。ここは正統派に銀のカトラリーや白のお皿でクラシカルなテーブルコーデにしたいなぁ。

2016年 02月 24日

懐かしいインスタントコーヒー

たまーにインスタントコーヒーが飲みたくなる。濃いめのコーヒーに少しの牛乳。子どもの頃、妹とよく飲んだ懐かしい味。これにお母さんの手作りおやつが並んで夜8時のおやつタイム……だったな。

2016年 03月 10日

ハーブとスパイスのある暮らし

よく使うスパイス&ハーブの塩麹とハーブソルトとスパイスシュガーは自分好みで作っています。どれも作るときの気分で入れるものは多少変わりますが、今日はスパイスシュガーの調合。シナモン、カルダモン、ジンジャー、クミン。これ、何かと使えるからあると便利なんですよね。こういう作業……好きなんだなー（笑）。

2016年 03月 19日

パン生地の発酵中に棚掃除

これはキッチンシンクに向かい合わせで置いている作業棚。家電と乾物と米と。

使っているオーブン。いたって普通の家庭用ですけど（笑）、同棲を始めたときに買ったのでそろそろ10年ぐらいになるんじゃないかなー。デザインが好きで買ったからこれが壊れたらすごく困るしすごく嫌だー。

2016年 03月 22日

天然素材のキッチンツール

「WECK」のガラス瓶にはよく使うキッチンツールを。しゃもじに茶漉《こ》し、おたま、ヘラ、菜ばし。取り分け用のスプーンやヘラ。使うごとに味わいが出る竹や木などの天然素材のものばかりです。

小さなドライフラワー。ステンレスに置くとシックに映えるなー。

今、大きなガラスのフラワーベースを探していて。でも、グッとくるものがなかなかないのよねー。

▶ 2016年 05月 07日

ミートソースパスタが食べたくて

今日は『TOAST』という映画を観ました。イギリス人の料理人兼フードライターのナイジェル・スレイターの自伝を映画化したもの。とりあえず……インテリアと料理が魅力的。トースト、レモンパイ、ミートソースのパスタ……食べたくなるー！

さて、今夜はそんな流れでミートソースのパスタを！　野菜はやや大きめが好きです。仙台みそ（赤みそ）を使ったミートソースにしました。

▶ 2016年 05月 13日

あえての壁付きキッチン♪

キッチンリセット完了ー！　うちはあえての壁付きキッチン。最近はもっぱら対面キッチンが主流みたいで、リノベーション当初は対面をすすめられたけど、この流し台が、台所っぽくていいじゃない♪

さて、今からキョンキョンを聞きながらお買い物に行ってきますー！

▶ *mini column*　台所での毎日の時間割

06:45	朝食の準備　お湯を沸かす
07:00	朝食
07:30	朝食の後片付け
08:00	コーヒーを淹れる
11:30	昼食の準備
12:00	昼食
13:00	昼食の後片付け
17:00	夕食の準備　お弁当の準備
19:00	夕食
20:30	夕食の後片付け
22:00	お茶時間の準備
22:15	お茶時間
23:00	お茶時間の後片付け キッチンをリセット

2016年 05月 16日

季節のチャツネをグツグツ

グツグツ。季節のチャツネの仕込み。りんごのチャツネ。りんごは時期的にももうこれが最後かなー。煮込み作業、今日は肌寒いのでちょうどよかったー（笑）。BGMはペトロールズ♪　長岡さんの顔も声も好き。

2016年 05月 17日

うちの冷蔵庫の中は

うちの冷蔵庫の中はいつもこんな感じです。下の引き出しには瓶詰めの手作り調味料を。上段には卵やジャムや乳製品を、中段はわりとフリーに、下段にはよく使うみそや塩麹や常備菜など。あたし、人の冷蔵庫の中を見るのが大好きなんですよねー。

2016年 05月 21日

週末の朝の風景

盗撮。週末の朝の風景。あたしが和室でお出かけの準備をしている間、いつもこんな感じの旦那さん。今日もいつものように、寝起きからの『小公女セーラ』鑑賞！　その後はひたすらにギターを弾く（笑）。

2016年 06月 06日

キッチンタイルのアップ

キッチンのタイルの、どアップ！（笑）。タイルの目地は室外用のです。目地には室内用と室外用とがあり、通常、室内には室内用の目地を使うみたいですけど……ノープロブレム（笑）。タイルは「ペスカード」というもの。デザインがスタイリッシュな感じだから、ここにツルツルの目地を合わせると、まとまり過ぎるなーと感じたんですよねー。そして、うちはコンロもフォルムがスタイリッシュだから、そこの空気をつなぐ目地は結構重要やなーと思って悩みました。そんなときに見つけた目地。これだ！と即決。適度なカジュアル感というかこなれ感を出してくれて。地味だけどいい仕事をしてるんですよ、こいつ。

2016年 06月 13日

植物を夏仕様に

タンキリマメ、フィカスプミラ、カニクサ、テイカカズラ、コロキア。ダイニングの照明に飾っている植物を夏仕様に変えてみました♪　鮮やかな新緑が気持ちいいー！植物をあれこれ飾っているうちにどのフォルムがいい感じなのかさえわからなくなるこの植物マジック（笑）ドライに変化していく姿もまた楽し。

2016年 07月 10日

ローズマリーをぶら下げて

換気扇の端にローズマリー！　ぶら下げたら風が吹くたびにふんわりといい香り♪　ローズマリーのにおい、大好きです。今朝は旦那さんのお土産の那須「SHOZO COFFEE」のコーヒーとスコーン♪

06

TOMOさん

TOMO

キッチンは家の顔。好きなものに囲まれたシンプルな空間を目指して試行錯誤中です。

Instagram
@_2646_

男性、独身です。便利を優先すればするだけ見た目が悪くなり、見た目を優先すればするだけ、不便が発生します。見映え、便利さ、自分の性格、こだわり、好きな料理、これら全部としっかり向き合って絶妙なバランスのキッチン作りを目指して今も試行錯誤中です。多少の不便は楽しめるような、余裕のある生活を心がけています。

家族構成
ひとり暮らし

▶ 台所に関して、過去と今とで変化したこと

ミニマリストになるのではなく、好きなものに囲まれつつもシンプルな空間を作りたかったので、趣味で集めたものはそのままで、趣味とは関係ないものを徹底的に処分しました。

▶ 今の台所についてもう少しこうしたいというところ

キッチンの維持は車の維持に似ているような気がします。メンテナンスを怠っていると、いつの間にかどうでもよくなってしまい散らかってしまいます。家の顔であるキッチンなので、いつ見ても満足できるようなきれいさを維持したいです。

▶ 台所仕事に関してこれからやりたいこと

このキッチンは大工さんに骨組みだけお願いして、残りの収納関係や仕上げは自分の手で時間をかけて作っています。まだ完成していないので、作り直しながら、もっと使いやすいキッチンにしていこうと思っています。

▶ 2016年 02月 02日

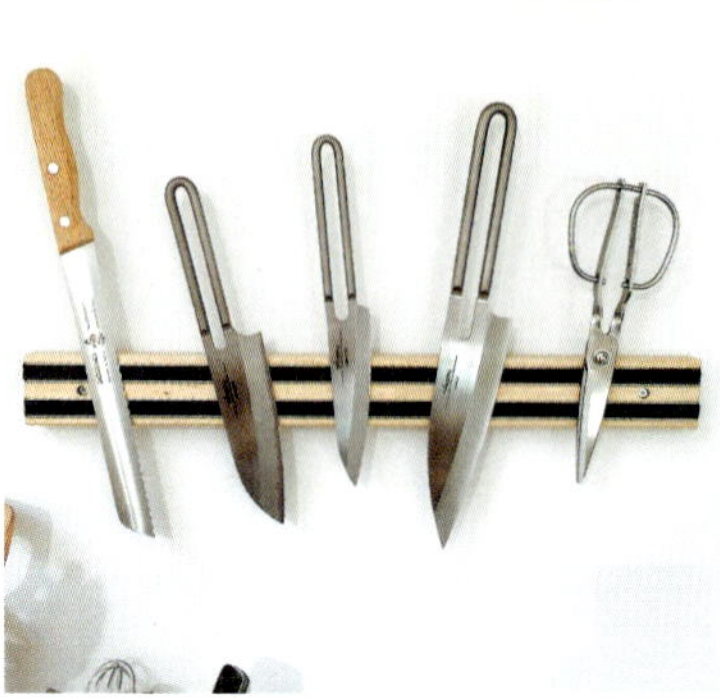

マグネット式包丁ホルダー

元々は工具用のホルダーです。オレンジ色の塗装を剥離して磨きました。包丁は「タケフナイフビレッジ」のもの。
凝り性なので、自分でやれる限りやらないと気が済みません。ちなみに仕事はリメイク関係ですがインテリアと全然関係ないです。

2016年 02月 22日

白いキッチングッズ

個性的な食器を探していても、結局白い食器を買ってしまいます。左手前はポルトガル産天日塩「フロス・サリス（FLOS SALIS）」。奥にある密封ジャーは「シリコン・リッド・ジャー（SILICON LID JAR）」。ふたはシリコンです。白が多くなるとほかの色のものが買えなくなります。

2016年 02月 25日

木製のキッチングッズ

木製の温かみを求めてしまい集めてしまった木べらなのですが、結局、シリコンスパチュラとナイロントングを使っています。木ベラの使用感のなさ、もう完全にオブジェです。

▶ 2016年 02月 27日

ディッシュスタンドを作りました

　毎日使用する食器類は、ほこりがつかない場所にしまっているのですが、このリムプレートは滅多に使わないので見せる収納に。食器類の見せる収納は、使う前に洗ったり掃除をマメにしたりしなくてはいけないのが面倒ですけど、それを踏まえて我が家のオブジェたちはキッチン関係の物をメインにしました。

　そして今のところ、キッチン以外の空間にはできるだけ物を飾らないようにしています。

　家のオブジェや飾りたい道具類がダイニングキッチンに集中していれば、掃除の労力が自然とキッチンに集中するのです。逆を言えばキッチンさえきれいにしていれば家全体がきれいに見えてしまいます。

▶ 2016年 03月 14日

色の統一を意識しています

　ダイニングキッチン全体です。色の統一ということを、かなり意識しました。本当はここに差し色を入れたいんですが、なかなか難しいです。苦手なのは鮮やかな色を入れること……。

▶ 2016年 03月 22日

チーズは2kg購入します

2カ月に1度チーズを2kgほど購入します。ほとんどが酒のツマミで消えていきますが、少なくとも2週間は新鮮なチーズを食べまくりです。写真右は高いイメージのあるパルミジャーノレッジャーノですがネットで探すと1kgブロック3000円しないです。かなり安いと思います。

健康志向なわけではないのですが、自分なりの考えもあり週末以外の食事は基本1日1食、夜だけです。そのため夜の食事がすごく楽しみになります。時間がないときは簡単に済ましてしまうこともありますが、お酒を飲みながらキッチンでのんびりと料理をするのが日課です。料理ができる頃には空腹が満たされてしまっているほど寄り道だらけののんびり料理です。

▶ 2016年 03月 28日

ステンレスのシンク

ステンレスはカッコいいんですけど、細かい傷がつきやすいです。そんなに気にしていないのですが一応シンクマットは置いています。皿類で傷になっているというよりここで植物の水遣りをして、落ちた砂利を引きずって傷になっているっぽいです（笑）。

右上のかごはヴィンテージです。昔の人は卵入れに使っていたのだと思うのですが、自分はニンニクを入れています。

2016年 05月 21日

キッチン作業台

使用頻度が低い上に見栄えの悪いものは、キッチンとは別の場所にまとめてしまっています。極端だとは思うのですが、このキッチンには使用頻度がかなり高いものか、あまり使わないけれど美しい道具やオブジェしか置いていません。

自分はミニマリストになるのではなく、好きなものに囲まれつつもシンプルな空間を作りたかっただけなので、趣味で集めたものはそのままで、それ以外のものを徹底的に処分しました。

例えば何年も出番待ちをしているモノたち、無駄にため込んだ生活用品や雑誌、喪服より着る機会がなさそうな衣類、そして思い出少々。まあ、もっとあるのですが、これらを全部処分できない限り、見せる収納を徹底することも維持していくこともできないだろうと。

散らかっているのも絵になるよう、できる限り好きなモノにしました。結局それに甘えて出しっぱなしも増えるのですが……。

2016年 05月 23日

玄関を開けたらダイニングキッチン

この家には玄関という空間がありません。玄関扉を開けた瞬間、目の前にダイニングキッチンが広がります。

玄関でもあり、キッチンでもあるこの空間、物が多過ぎると散らかりやすくなり不意の来客に対応しきれなくなるので、ディスプレイしているモノ以外は徹底的に処分しました。

2016年 06月 07日

ダイニング別角度で。

自分はかなりの面倒くさがりだし、特別きれい好きというわけではないのですが、朝家を出るとき、夜家に帰ってきたときに家が散らかっているのが嫌なんですよね。なので、どんなに散らかしても片付けてから寝る、元の状態に戻すと決めています（床掃除やホコリ掃除などは別）。

これが毎日続けるジョギングや筋トレと同じくらい大変なのですが、でもこれさえやっていれば、一見きれいを保てるのです。よく見るとダメですが……。

2016年 06月 13日

乾物を飾るのが好き

乾物、シードスパイスやハーブ類を飾るのが好きです。飾っているだけで時間が経ってしまい色味が悪くなってしまっているものもいくつかありますが、ちゃんと料理に使っているものもあります。この棚はディスプレイと普段使うものが混ざってしまっている感じです。上の段右から、カルダモン、ドライオクラ、チリホール、スターアニス、ディル、ジンジャースライス。下の段右からドライオニオン、白キクラゲ、シナモンスティック、ドライミント、ドライレモン、ハイビスカスです。

2016年 06月 21日

Flor de Salプレミアムシーソルト

ポルトガル産の天日塩です。また懲りずに買ってしまいました。ポルトガルの塩がうまいのは知っています。今回は瓶に一目惚れです。しかしこのかわいいテープを切らず、できることならこのまま飾っておきたい……。前回購入したポルトガル産の塩と中身は同じなので、そっちがなくなるまではこのまま飾っておきます。

2016年 06月 22日

オイルスクリーンは便利

「ミネックスメタル」のステンレスオイルスクリーンです。フライパンや鍋にかぶせて使います。蒸気は逃しつつ油や煮込みの飛び散りを防ぐので調理後の掃除がかなり楽になりました。かぶせてる間は油をほぼキャッチします。ガスコンロの場合はフライパンなどのサイズよりはみ出過ぎると焦げるかもしれないので注意が必要です。

2016年 06月 23日

キッチンパネル

右側レンジフード下なのですが、キッチンパネルをそのまま壁に貼り付けるとカットした部分にジョイント材を取り付けなければいけなくて、それなら木製フレームを作りパネルをはめ込んで壁に取り付けたほうがカッコいいかなと。木枠も撥水撥油コーティングしてます。

料理によってはこのパネルじゃ受け止めきれませんが、前に投稿したオイルスクリーンを使えばほぼキャッチしてくれるので問題はなさそうです。パネルはサンワカンパニーのキッチンパネルマットホワイトです。画像には写っていないのですが、右側横の壁はホームセンターで売っている透明の塩ビ板です。

2016年 07月 11日

キッチン上からです。

2階からだとランプが足元にあります。ランプの高さはかなり悩みましたが高過ぎても管理が大変なので。吊り下がっているランプを上から覗けるのはランプ好きとしてはたまりません。

07

ゆうこさん

yuko

東京都杉並区在住、夫の仕事を手伝う兼業主婦、40代、家事は無理をせず、できるときにできる範囲で……。素材そのものの味が引き立つシンプル料理が好み。ストウブ鍋を使うことで調理時間が短くなり鍋ごとサーブできるので洗い物も少なくなります。夕飯は多めに作り、次の日の夫と娘たちのお弁当に入れられるようにしています。

そのままサーブできるストウブ鍋なら洗い物も少なくなります。

家族構成

夫、自分、長女高校生、次女中学生、犬1匹、猫2匹

▶ 台所に関して、過去と今とで変化したこと

娘たちが塾へ行く前にごはんを食べさせたいので、料理を作り始める時間が早くなりました。

▶ 今の台所についてもう少しこうしたいというところ

ガスレンジと流しや作業台が若干離れているので、将来ダイニングテーブルとも一続きにして一直線の動線になるようにキッチンリフォームを考えています。

▶ 台所仕事に関してこれからやりたいこと

鍋で高加水パンを焼く機会を増やしていきたいです。

➡ Instagram
@yuko815

▶ 2015年 05月 07日

女が作る男前料理

カリフラワーの丸ごと蒸し♪　ホクホクですよ〜。ストウブ鍋の原点回帰料理です。決して手抜き料理ではないですよ（笑）。カリフラワーと水大さじ1〜2を鍋に入れて、とろ火で15〜20分蒸します。蒸し上がったら塩胡椒をしてオリーブオイルを回しかけ、崩しながら食べます。マヨネーズで食べてももちろん美味♪

2015年 07月 20日

恒例の窓全開ブランチ♪

メニューは、トースト、野菜とベーコンのグラタン。シーフード入りトマトスープ。次女と友人たちは、明け方までホラー映画鑑賞会をしていたようです。

2015年 08月 29日

ストウブ鍋の関係者ではありません（笑）

インスタグラムではストウブ料理の投稿ばかりですが、私、ストウブの関係者ではありません（笑）。毎日鉄鍋持ってますが、女子プロレスラーのようなムキムキでもありません（笑）。ワインエキスパートときき酒師の資格所持、江戸懐石近茶流宗家に師事経験あり。お酒好きなのでツマミにもなるような時短料理を追求する女子ふたりの母です。

2015年 09月 13日

日曜日のブランチ♪

昨日から娘たちの友達が泊まりに来ているので6人分。ハロウィンには少し早い気もしますがカボチャのスープを作りました。メニューはトースト、カボチャのスープ、ニース風サラダ、フルーツ、コーヒーです。

2016年 02月 14日

牛肉のアヒージョ

バレンタインチョコを食べ過ぎて、甘さに疲れたときは、肉、行きましょう!

■材料4人分／ステーキ用牛肉（一口大に切って塩胡椒を多めにしておく）、マッシュルーム2～3個（半分に切る）、玉ねぎ半分（みじん切り）、にんにく2片（皮はつけたまま）、ローズマリーまたはローリエ、ドライパセリ、オリーブオイル（各適量）

■作り方 ①小さめの鍋に牛肉、にんにく、玉ねぎ、マッシュルームを入れヒタヒタになるまでオリーブオイルを入れて弱火にかける。②肉を返しながら火を通し表面の色が変わったら唐辛子とローズマリーまたはローリエを入れて胡椒とパセリを振って出来上がり。火を通し過ぎると固くなるので注意。

▶ 2016年 05月 05日

私の鍋収納part1♪

小さな物やグリル系の収納です。手前の引き出しからミニココットやごはん用鍋（ココハン）Sサイズなど、真ん中がセラミックシリーズ、一番奥がグリル用やグラタン皿系です。季節によって使用するものにかたよりがありますが、いつでも臨戦態勢！

▶ *mini column*　台所での毎日の時間割

06:30	家族のお弁当作り。 鍋でご飯を炊いている間におかず作り。 炊き上がったらおかずと共にお弁当詰め
07:00	家族が起きてくるので朝ごはん（その日によりパン系、ごはん系、麺系といろいろ）
08:00	家族を送り出して自分の朝ごはん、後片付け
17:00	夕飯準備開始。まずは鍋でご飯を炊きはじめ、その間におかず作り
17:40〜17:50頃	出来上がり次第、娘達に食べさせ塾や習い事に送り出す
20:00	夫帰宅、夕飯。食べ終わり次第、後片付け

「簡単ペンネトマトグラタン」ひき肉とカットトマトでソースを作りゆでたペンネと混ぜたら、とろけるチーズをのせて焼くだけ♪

2016年 06月 11日

鍋収納part2♪

我が家はアイランドキッチンになっていてアイランド部分の2面が収納になっています。その両面とも鍋を入れているのですが今回は中位の大きさのベーシックな鍋を収納している面です。扉はついておらずすぐに取り出せるようになっています。上2段には16cm～24cmの丸型(ラウンド)、一番下の段には楕円形(オーバル)の27cm～29cmを収納。扉がないとバッと取り出せて楽です。

2016年 06月 25日

鍋収納part3♪

前回の収納の反対側です。こちらは扉がついています。一番上の段にはごはん炊き用鍋(ラ・ココットde GOHAN) Mサイズ。2段目には炒め物もしやすい浅めの鍋(ブレイザーソテーパン24cm、28cm)。3段目には比較的大きめの鍋やスチーマーなどを入れています。これ以上、増殖しませんように……(笑)。

玉ねぎのコンソメスープ

玉ねぎのコンソメスープ。冷やしてもおいしいです♪　味付けは顆粒コンソメと塩胡椒のみ。玉ねぎの甘味を楽しめます。暑い日には冷製スープにしても♪

■材料4人分　サラダ玉ねぎ4つ（上下の先端を切り落とし、皮をむき高さの半分まで放射線状に切り目を入れる）、水1200mℓ、コンソメスープの素4スティック（18g）、塩胡椒、ドライパセリ各少々

■作り方　①鍋に玉ねぎ、水、コンソメスープの素を入れ火にかける。（写真のように小鍋で作るときはそれぞれに玉ねぎひとつ、水300mℓとコンソメスープの素1スティック（4・5g）ずつ入れて火にかける。）②煮立ったら塩胡椒で味付けしふたをして弱火で15分（ストウブなら10分）煮る。彩りにドライパセリをふる。

▶ *mini column*　朝家事、夜家事の工夫

朝の家事

朝はお弁当用にまずストウブ鍋でごはんを炊き始め、炊いている間、お弁当のおかずを作りながら朝食も作っています。

夜の家事

夕飯も炊き立てのごはんが食べたいので、同じく、まず、ごはんを炊き始め、炊いている間にほかの調理をしています。

ストウブで炊いた桜ごはん♪

08

はっぱさん

happa

ドイツ在住。いつも気持ちよく台所に立てるよう工夫しています。

南ドイツ・ミュンヘン在住。日本人の夫とふたり暮らしの専業主婦。ドイツで手に入りやすい旬の野菜で和食風に献立を考えたり、旬の果物でお菓子作りを楽しんだりしています。同じ野菜ならドイツ産で、できればバイエルン産を選び地産地消を心がけています。

家族構成
夫、自分

▶ 台所に関して、過去と今とで変化したこと

以前、道具はすべて隠す収納が理想でした。しかし収納スペースが少ないこともあって、ブラシ類やお玉などは、「色や質感を揃える」「きちんと並べる」「吊り下げる」などして、今では家事動線を考えつつ、出しっぱなしでも乱雑にならないように工夫しています。

▶ 今の台所についてもう少しこうしたいというところ

賃貸なので自分では変えられないモノは受け入れて、気持ちよく台所に立てるようにしたいと考えています。また、持ち物を厳選して棚に詰め込み過ぎないようにして、取り出しやすく片付けやすい収納を目指しています。

▶ 台所仕事に関してこれからやりたいこと

特に思いつきません。もし炊飯器が壊れたら、以前やってたようにお鍋でごはんを炊く生活に戻そうと思います。

➡「ドイツの暮らし手帳」
http://happa0126.blog.fc2.com/

▶ 2014年 09月 25日

ヘンケルスのスティック型シャープナー

私の中ではプロの西洋料理人が愛用しているイメージだった、スティック型のシャープナー。スーパーでキャンペーンをやっていたので買ったのですが、4カ月使ってみての感想は「買ってよかった」です。

ナイフブロックに差しておけば、さっと取り出せるから使用頻度が激増しました。キャベツの千切りやネギの小口切りをする前に必ず研いでいます。トマトもおもしろいようにスパッと切れます。どんなにいい包丁を使っていても、研がなければ本来の持ち味が活かせないことを実感しました。

頻繁に使うためには、収納場所も大事ですね。

そしてスティックタイプだとお手入れが楽なことも気に入りました。

1

2

▶ 2014年 11月 14日

手作り納豆を仕込みました

半年前に作って冷凍していた納豆を食べ終わったので、新たに仕込みました1。

一晩水に浸けた大豆を圧力鍋で5分炊いたら、指でつぶせるくらい柔らかくなりました。今回の大豆は2カップ分（約280g）です。毎回季節によって保温の方法に悩みます。これまでは暖房の上や保冷バッグに入れて湯たんぽで温めていました。今回はふと思いついて、オーブン内で湯たんぽ保温してみました。6〜8時間ごとに湯たんぽのお湯を交換し、常に30℃以上は保てていました2。20時間経った頃にはいい感じで出来上がっていましたが、念のために30時間おいてみたところ、全体的に白く菌が繁殖しています3。ネバネバもしっかりあって大成功♪

4 今回、素となる菌には納豆を使いましたが、今度の帰国のときには納豆菌を買う予定です。

1

2

3

4

▶ 2015年 10月 14日

自分で配合する雑穀米

日本から買ってきた雑穀米を食べ終えました。雑穀米に慣れてしまうと、白米だけではもの足りなくなります。そこで、こちらで揃う材料で自家ブレンドしてみることに。ほかにもいろいろ揃えることは可能ですがとりあえずは5種類で。

左からキヌア、黄金きび、3種混合米（赤米・黒米・玄米）。容器は「フレッシュロック」と「IKEA」のものです。キッチンのオープン棚に並べています。白米2・5合と3種混合米0・5合を研いで、キヌアときびを大さじ1杯ずつ配合しています。混合米の色が結構出て、お赤飯のようになっています。気持ちの問題ですが、健康に良さそうに見えます。もちもち感とプチプチ感がいいです。

1

2

新春大掃除、まずはトースターから

元々冬が厳しいドイツでは、春になってから掃除に力を入れます。外が明るくなってくると、ホコリや汚れが目立つようになりました。そこで前から気になっていたトースターを掃除することに。以前オイルサーディンのふたを取って缶ごと温めたときに、中身が飛び散って大変なことになってしまいました。一応すぐに拭いたけど落としきれていなかったのです。最近オイルサーディンはフライパンで温めています。

油汚れや焦げ付き落としに効果のあるセスキ炭酸ソーダ水を使いましたが、結局はクレンザー付きの使い捨てたわしでこすって落としました。前面のガラス扉はキレイになり、庫内はまあまあといったところ。トースターがちょっとピカピカになって気分爽快。これで弾みをつけて、〝新春お掃除まつり〟を始めます。

深型フライパンで肉まん

日本で買った深型フライパンを10年くらい愛用していました。炒め物、煮物、揚げ物、蒸し物と多目的に使え「なんて便利なんだろう！」と毎日のように使っていたため、経年劣化でダメになってしまいました。そして替わりにドイツで買ったのが「WMF」の28㎝深型フライパン。

日曜日は肉まんを作ってみました。私はせいろを持っていないので、肉まんを蒸すのも深型フライパン。蒸し台は先代の深型フライパンに付いていたもの。とても重宝しています。

肉まんはイースト使用の生地が好き。一次発酵はパネル式暖房の上で40分ほど放置。ガラス蓋をして12分間蒸しました。ふっくらジューシーでとてもおいしくできました。1日かけてゆっくり水で戻した干ししいたけのうまみがよかったです。

1

2

3

▶ 2016年 01月 24日

ポットにコーヒーを淹れて

使っていた魔法瓶が壊れました。ふたの中栓がすぐに外れて、ポットの中に落ちてしまいます。それからのんびりと次をどうするか考えていました。そんな時、スーパーで、ポイントを貯めれば安く品物を購入できるキャンペーンが始まったのです。

今度買ったのは、「ヘンケルス」のテーブルポット。本体のフォルムもですが、特にふたの部分が簡単な構造のところが気に入りました。親指で押すだけのワンタッチオープンだから、長時間の保温はイマイチですが、私には許容範囲。家にこもる日は700㎖くらいのお湯を沸かして、このポットに直接ハンドドリップでコーヒーを淹れています。

▶ 2016年 02月 28日

柄付きブラシは便利

キッチンブラシが傷んできたので買い替え。今回は「レデッカー」の馬毛にしました（2・29ユーロ。約260円）。レデッカーはドイツの老舗ブラシメーカーです。これまでのブラシに比べるととても柔らかい。

普段はゴム手袋をしてスポンジで洗っていますが、コップひとつとかお皿一枚だけのとき、手をあまり濡らしたくないときに柄付きブラシは便利です。毛並みが柔かめなので、お鍋をゴシゴシ洗うのにはもの足りないけれど、洗い物をする前に、ウエスで大まかな汚れは拭き取るので問題なし。あと、木製の器などを洗うときなどもキズが付きにくくていいと思います。キッチンブラシもスポンジやふきんなどと同じように消耗品と考えています。大事に使うけれども、衛生面にも気をつけながら定期的に交換します。だから見た目だけでなく、使いやすさとコスパも重視しています。

1

2

▶ *mini column*　台所での毎日の時間割

04:30	りんごを切る
07:00	ホームベーカリーで生地作り（週に一度くらい）
11:00	パンを焼く（週に一度くらい）
12:00	自分用の簡単なランチの準備
15:00	作り置きおかず作成（2日に一度くらい）
18:00	夕食の準備 夫のお弁当とお茶の準備
22:00	夫と食後の片付け

▶ 2016年 06月 09日

食器棚の整理と手放したもの

ドイツでは不用品が出たら、「ご自由にお持ち帰りください」と張り紙をして家の前に出しておくのが一般的です。去年その方法で食器の数を減らしてからしばらく、片付けをする気が起きませんでした。別に今捨てなくてもいいかなと。家を見渡せば私が必要だと思って買ったモノばかりです。夫が一生懸命働いたお金で買ってくれました。私が働いていた頃に自分のために買ったものは趣味も変わってきて、気軽に手放せるけど、今はそうもいかない。専業主婦の辛さかな~。また自分で稼げるようになりたい。モンモン……。

それが何をきっかけにというわけでもなく突然またスイッチが入って食器棚の見直しをしました。欠けた飯椀とグラス、まったく使わなくなった100均の小鉢2つ。ついでに、お玉などを右肩上がりに並べ替え。運気が少しでも上昇するようと願いを込めて。

▶ 2016年 06月 25日

キッチンは私のお城

ドイツらしいと思うのがキッチンに洗濯機があることです。もし洗濯機がほかの場所に移せれば、このスペースに食洗機や冷蔵庫が置けるのにね。それに、シンクが陶器だからか、よく食器を割ります……。

うちは賃貸アパートで、キッチンは元から備え付けてありました。日本ではキッチン付きは当たり前ですが、ドイツでは賃貸でも入居者がキッチンセットを準備するのが普通です。なので「キッチン付き」を部屋探しの条件にすると選択の幅が狭く、キッチン付きのアパートにやっとの思いで入居できたので、ワガママを言っていられません。どんなキッチンでも私にとっては長い時間を過ごす場所であり、お城です。できるだけ工夫して使い勝手や居心地のいい場所にしたいと思っています。

オーブンレンジを手放してスッキリ

ここ最近では一番の大物、オーブンレンジを手放しました。窓辺に置いていたのですが、その存在感たるや相当なものでキッチンが狭く感じる要因だったと思います。レンジはほぼ毎日使っていたので少し迷ったけれど、オーブンとグリル機能はまったく使っておらず、持て余し気味でした。備え付けのオーブンはあるし、オーブントースターも持ってるし……。

運よく欲しいと言ってくださる方がいて、無事にお譲りすることができてよかったです。オーブンレンジがひとつなくなっただけで、窓からの光が多く入って明るくなり、そして調理スペースがさらに広く使えるようになりスッキリしました。

mini column 朝家事、夜家事の工夫

朝の家事

毎朝夫は5時に出勤。そこで考えたのが前日のうちに夕食と同時進行でお弁当を作ることです。幸いオフィスには電子レンジがあり温め直しができるので、食べるまで冷蔵庫に保存しています。これで朝からバタバタすることがなくなりました。

帰宅が遅い夫を待たずに準備ができるように、2つのお弁当箱を毎日交替で使用。

お弁当箱の条件は、電子レンジ対応であること。洗いやすいこと。通勤バッグに収まりやすいスリムタイプであること。

平日は、夕食の残りをお弁当にするのではなく、お弁当につめた残りが夕食のおかずになるのが我が家流。

09

本居なつこさん

Natsuko Motoi

千葉県在住、内装設計・インテリアデザイナー、33歳。シンプルで体にやさしいごはん作りを心がけ、季節の台所仕事や、旬の物も大切にしたいと思っています。我が家の構造上、キッチンは家の印象を決める大きなポイントなので、あまり雑然としないように気をつけています。

祖父母が住んでいた古い家を改装。お気に入りのキッチンに。

家族構成

夫、自分、息子3歳（8月で4歳）

▶ 台所に関して、過去と今とで変化したこと

千葉に住むようになって（4年前）から、季節の台所仕事を楽しむようになりました。（梅仕事や、季節の果実のジャム、山椒の塩・醤油漬けなど）

▶ 今の台所についてもう少しこうしたいというところ

キッチン背面のカップボードをより使いやすく、収納を整理したいと思っています。

▶ 台所仕事に関してこれからやりたいこと

カップボード収納をDIYでより使いやすく、改装したいと思っています。／冷蔵庫を新調したので、冷蔵庫の収納をよりよく改善したいです。

➡ Instagram
@natsu_motoi

▶ 2015年 06月 23日

果実酒いろいろ

我が家の果実酒コレクション。梅、キウイ、レモン、プラム……。

梅酒作りは今年で3年目。今年はすべてはちみつで漬けました。何年か寝かせるものも含めて、基本的に、全部飲む用です。漬けている梅も飲みながら食べたりしています。

2015年 08月 12日

久しぶりのコーヒータイム

久しぶりに息子がお昼寝したので、すいかと「ツートンコーヒー」で、至福のコーヒータイム。コーヒーと牛乳で作るツートンコーヒーはゆっくり注ぐのがポイントなので、せっかちな私はなかなかうまく行きませんが、今回はなんとなく成功しました！

テーブルに座るとよく見えるリビング。ここにミニカーなどおもちゃが広がっていると落ちつかないので、いつもは一緒に片付けますが、今回は息子が寝ている間に片付けてしまいました。そのおかげで落ち着いてコーヒーが飲めました。

2015年 05月 17日

たっぷり野菜の作り置き

息子が幼稚園に通うようになってから、少し時間ができるかと思いきや、意外と家事に時間がかかってしまうため、実験的に常備菜を増やしてみました。

台所仕事の時間を少し減らして、今までは手の届かなかった箇所の掃除や自分の時間を少し確保できればと思います。

2016年 05月 25日

定位置を決める

我が家のキッチンのリビングからの眺め。

キッチンが雑然としてしまうと部屋全体が雑然と見えてしまうので、それぞれのものの定位置を決めて片付けるようにしています。

朝起きてキッチンがスッキリしている状態だと、気持ちよく一日をスタートできます。

2016年 05月 25日

アイスバーが好き

今日のおやつ。生クリームとヨーグルトのアイスバー。ホイップした生クリームとヨーグルト、メープルシロップを混ぜて、フルーツやピューレを型に入れて、凍らせます！　簡単でおいしい。今年もどんどん作ります。

2016年 06月 19日

今年の梅仕事

今年は息子もお手伝い。遊びの延長で手伝ってくれました。いつまで手伝ってくれるのかわかりませんが、この時期の我が家の恒例行事にしていきたいと思っています。

今年は10キロ漬けましたが、梅仕事の最中の梅の香りになんとも癒されるので、量が多くなっても意外と苦になりませんでした。

mini column 台所での毎日の時間割

5:45	息子のお弁当、朝食準備開始
6:30	みんなで朝食
7:00	お弁当詰め、片付け
10:00	夕食の下ごしらえ
16:30	夕食準備
17:00	息子と夕食
17:30	片付け
22:00	夫の夕食
22:30	片付け

月曜の朝はなかなかエンジンがかかりません……。

2016年 06月 24日

金曜はお酒をテーマにした献立

金曜日の夜ごはんは、お酒をテーマに献立を決め、おうちバルを楽しんでいます。

これは冷やした白ワインに合わせて、サバのレモンハーブ焼き。なかなか外に飲みに行けないので、なんとか家で金曜日を楽しんでます！

ただ飲んだり食べたりした後は、洗い物もおっくうになりがちなので、そのままオーブンに入れられて、食卓に出せるものを使ったりしながら工夫しています。

2016年 06月 29日

自家製ガリをたっぷり作りました

去年漬けずに後悔したので、今年はたっぷり作りました。

基本的に面倒くさがりなので、季節の台所仕事も腰が重くなりがちですが、家族も喜んでくれたので、作ってよかったです。こういった保存食は、一品や酢の物などにアレンジしやすくて、日々の献立に重宝しています。

今年はレシピ本をベースに作ったので、少しずつ我が家の味にアレンジしていきたいと思っています。

使いやすい台所道具

我が家の包丁は夫が独身時代から揃えていたもの。元々包丁がとても苦手でしたが、木製のまな板にしてから、とても切りやすく夫も驚くくらい、包丁使いが上達しました。使いやすい台所道具は日々の家事をスムーズに助けてくれるので、少しこだわって探したいなと思っています。

mini column 朝家事、夜家事の工夫

朝の家事

息子が幼稚園から帰ってくると、なかなか台所仕事が進まないので、夕食の下ごしらえは帰宅前にするようにしています。

夜の家事

夕食前は焼くなどの最終調理のみにしています。食べ終わったらすぐに片付けて、お皿を拭くところまで終わらせておくと、次に台所を使うときにスムーズなので、拭くところまでを一連の流れにしています。

朝はみんなで朝食をとります

10

うりゃさん

urya

大阪府にある3LDKのマンションで夫・元嗣とトイプードルのたゆと暮らす。アジア旅行や音楽が好きで、年に数回は夫と旅行やフェスに出かけている。海外で買い付けたものを販売するためのネットショップを準備中。

家族構成
夫とトイプードルのたゆ

▶ 台所に関して、過去と今とで変化したこと
隠す収納ではなく見せる収納にしたことで、散らかりにくく片付けやすくなりました。定期的に模様替えをして、普段掃除しない場所も掃除するようにしています。

▶ 今の台所についてもう少しこうしたいというところ
ごみ箱の収納

▶ 台所仕事に関してこれからやりたいこと
思いついた時にすぐにしてしまうので、いまは特にありません。

見せる収納で散らかりにくく片付けやすくなりました。

Instagram
@uryaaa

▶ 2016年 03月 07日

野菜室の収納はクラフト紙袋で

１００均で売っているクラフト紙袋と、ポリプロピレンケースが大活躍している冷蔵庫の野菜室。

手前の空白スペースは大根や白菜、キャベツなどの大きな野菜置き場。何があるかわかりやすいよう、パンパンにならない程度に買い物するのが理想的です。

▶ 2016年 03月 03日

台所背面の見せる収納

左上の、野田琺瑯《ほうろう》容器には、開封済みの袋調味料が入っています。ワイヤーかごには、スポンジや洗剤。市場かごには、ごみ袋とキッチンペーパー。ワイヤーかごの中で使っている、100均で売ってるクラフト紙袋は、ストック収納にも使えます！ 中身も見えないので見せる収納として使っても違和感なし。汚くなったら捨てればいいし、掃除も楽チンです♪

▶ 2016年 03月 14日

ワイン箱の中身

ワイン箱収納です。重たい缶詰類とレトルトや未開封の食材をストックしています。ワイン箱にはキャスターを付けています。ここも100均のポリプロピレンケースで仕切って清潔に使いやすく。リネンのクロスを上にかければ、ほこり除けにもなり、生活感も出なくなります。

2016年 03月 21日

シンプルに見える工夫

私の場合は、物は多くてもシンプルっぽく見える暮らしをしたいと思っています。

私が気をつけているのは、まず、色味を3色（白系、茶系、黒系）に絞る。そして、これ以外の色味があるものは隠す（ここで言うならワイン箱の中の缶詰←見える部分を3色にすることで、結果シンプルっぽく見えます）。

何か物を増やすときはその色味に入っているかを考え、合う・合わないを見極めます。模様替えするときも同様です。もちろんこの3色だけじゃなく、それ以外の好きな3色を選んでも、違ったテイストの「シンプル」ができあがると思います。

2016年 03月 23日

ガラス瓶が好き

シンク下の主役は「セラーメイト」のガラス瓶たち。梅酒を漬ける用に買ったのが始まりで、買い足し買い足しでいつの間にかここまで集まりました。いろんなメーカーでこういうタイプの容器は売られていますが、やっぱりこれが一番好き。安くて丈夫で使いやすくて洗いやすいなんて言うことナシ。

2016年 04月 03日

ここに長テーブルを置きたくて

ここに長テーブルを置きたくて、寸法を決めるために今ある長テーブルを仮に置いてみた。あれ……これでよくない？

久々にDIY熱が上がってきたのに、いいのか悪いのか一瞬で解決しちゃいました。

2016年 04月 10日

古いもの、新しいもの、洋もの。

古いもの、新しいもの、洋もの、和もの、手作りのもの。いろんな家具がそれぞれ主役。すぐに散らかるので片付いている

時にパシャリ。この食器棚は古道具屋さんで購入しました。根気よく探し続けて、お気に入りが見つかりました。

2016年 05月 06日

乾物収納はトタンボックス

乾物は結構においがあるので、無印のトタンボックスに入れています。中はダイソーのポリプロピレンケース小を使って仕切っています！ サッと「ドーバー パストリーゼ77（除菌スプレー）」で拭けるのでいつでも清潔。

2016年 06月 18日

器の魔法

簡単な料理を作ってもそれなりに見せてくれる器パワー！ 器が大好きですが、ハマると危険。

自家製ホールトマトを作りました

トマトを湯むきして、煮沸消毒した瓶に詰める。塩を溶かした熱湯を瓶いっぱいに入れて瓶ごと煮沸。粗熱が取れたら冷蔵庫へ。パスタソースにも使えるしそのまま食べてもツルッとしておいしい。簡単だし、トマトの皮があまり好きじゃないからこっちのほうが食が進むかも！トマトが安いときに多めに買って作り置きしよう。

しばらくは映画「リトルフォレスト」がわたしの教科書。

▶ *mini column* 朝家事、夜家事の工夫

夜の家事

帰りの遅い主人のごはんをできるだけワンプレートや器をあまり多く使わず盛りつけできるものにして洗い物のストレスをなくしています。

ワンプレートごはん。

11

shioさん

shio

京都府、主婦、31歳。掃除しやすくシンプルにスッキリしたキッチンを心がけています。小学生の子どもがいるのでなるべく手作りでいろいろな食材を取り入れるようにし、彩りにも気を付けています。

家族構成
夫、自分、長女9歳、長男7歳

▶ 台所に関して、過去と今とで変化したこと

過去には雑貨などいろいろ飾ったり、スパイスを並べたりしていましたが、掃除しやすく清潔が一番だと思い必要最低限の物以外は撤去しました。／住んでみて自分の使いやすい場所、取り出しやすい方向がわかり、徐々にキッチン収納内の配置換えをしていきました。

▶ 今の台所についてもう少しこうしたいというところ

収納がもう少し多ければよかったなぁと思っています。またどうしてもカップボードの奥にある食器は取り出しにくく出番が少なくなってしまうので、取り出しやすい収納にしたい。／換気扇横を白いパネルではなくタイルを張ればよかったと思っています。いつか張りたい。

▶ 台所仕事に関してこれからやりたいこと

もっといろいろな料理に挑戦してみたい。／盛り付け、テーブルコーディネート上手になりたい。／詰め込み過ぎず、7割収納を心がけたい。

掃除しやすくシンプル・スッキリしたキッチンを心がけています。

Instagram
@shio_228

▶ 2016年 01月 14日

ぬか漬けは冷蔵庫で保存

ぬか漬けは無印良品のバルブ付き密閉ほうろう容器に入れて漬けています。においもれもなくいい感じ。本当は野田琺瑯《ほうろう》にしようと思ってたけど、サイズが私には合わなくて……。同じく無印の仕切り棚にピッタリ収まりました。

お弁当作りを助けてくれる常備菜は、だいたい2、3日で消費します。常備菜がないとお弁当作りが大変です！

2016年 01月 19日

ずっと台拭きを使ってきたけど

ずっと普通の台拭きを使ってきたけど、臭いや菌が気になってダスターに変えてみた。すぐ乾くし、清潔だし買ってよかった！　よくあるカラフルなカラーじゃないのも嬉しいポイント。無印良品の、「業務用キッチンダスター」をネットで購入。100枚入り、3000円ぐらいでした。

私の場合、油はねや汚れがあるときには「マーチソンヒューム」（写真右）。仕上げにアルコールスプレーの「ドーバー パストリーゼ77」（写真中）で天板を拭く。「ジェームスマーティン」（写真左）は水にも強いのでシンクを拭き上げた後、排水口にスプレーしています。

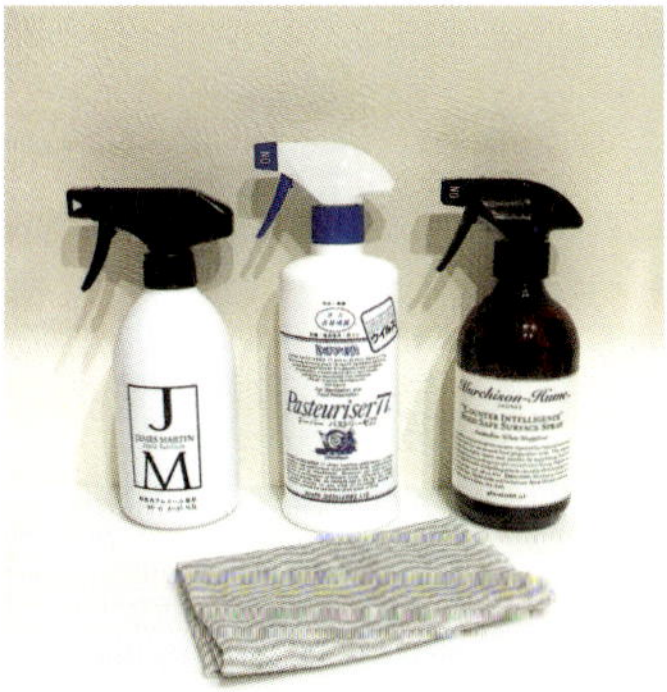

2016年 01月 22日

朝家事完了でスッキリ！

朝ごはんとお弁当の片付けをして、シーツも洗ったし、布団も干したしスッキリ。

我が家のキッチン、ポイントは物を置かないこと（笑）。お手入れはただ拭くだけです。夜は洗剤をつけたスポンジでシンク内をこすりますが、それ以外は天板もシンクも洗剤はつけずダスターでお湯拭きしています。前の家はステンレスのキッチンでしたが、私的には人造大理石のほうが断然お手入れしやすいように思います。

2016年 01月 26日

今晩はすき焼きの前にコーヒー

今晩はすき焼き。でもその前にコーヒー。コーヒーはダイニングよりキッチンで飲むことのほうが多い。料理しながら飲みますよ。ケトルは、野田琺瑯《ほうろう》「アムケトル」。

カップボードにできるだけモノは置かないようにしていますが、お気に入りの物は置いちゃいます。

2016年 02月 14日

ストウブの中はカレー

今日の晩ごはんはキーマカレー。ストウブの中はカレー。それからみそ汁とごはん。あとはサラダ。カレーにおみそ汁はアリでしょうか？（笑）

ストウブ、重いですが毎日使っていると慣れてきます。わが家には炊飯器はありません。ストウブで炊いたらおいしくて炊飯器には戻れなくなりました。

2016年 02月 22日

キッチンの背面収納

キッチンの背面収納。中はこんな感じになっています。ボックスの中は文房具、ミキサー、プラスチック食器、お菓子、書類、リモコン、薬、掃除用具などなど……意外と収納力が高く、背面収納をつけてよかったなと思っています。ボックスは無印とニトリです。ボックスに入れるときれいに見えるのでオススメです。

2016年 05月 07日

明日の朝は豆乳フレンチトースト

豆乳フレンチトースト、私はいつも一晩浸けます。明日の朝は豆乳フレンチトーストです♪

フレンチトーストにはお砂糖ではなくはちみつかメープルシロップを使います。焼くときにはブラウンシュガーファーストのココナッツオイルで。娘が大好きなのでリクエストがあれば作ります。

2016年 05月 10日

ラベルライターにハマり中の娘

9歳の娘、ラベルライターにハマり中、いろんなものにペタペタ貼っています。そして毎日ラベリングするものはないか聞かれます。先日もスパイス、調味料の入れ物用にラベルを作ってもらいました。

mini column　台所での毎日の時間割

06:00	食洗機内の食器片付け
06:10	朝食準備開始
06:40	朝食出来上がり
07:30	朝食片付け
12:30	昼食作り開始
13:00	昼食出来上がり
13:30	昼食片付け
17:00	夕食準備開始
18:00	夕食出来上がり
19:00	夕食片付け（主人が帰宅していない場合は帰宅してからまた作ります。いったん19時の時点ですべて片付け、時間があれば拭き上げまでします。）

なるべくたくさんの食材をとりたいと思っています。

2016年 06月 04日

子どもたちとプリン作り

食後のデザート用に子どもたちとプリン作り。「わーいいにおい！」「届かない！」「よーし、ヨイショ」の図（笑）。普段はけんかも多いんですけどね（笑）。せいろは「照宝」のもの。おいしいにおいに我慢できず、冷やす前にも食べました。

2016年 06月 10日

夜のリセット完了

夜の片付けリセット完了。キッチンは、とにかく掃除しやすいようシンプルに。モノは、まとめてではなく、その都度片付けるようにしています。調理中でも、もう使わないと思ったら洗うか食洗機に入れ、キッチンに出したままにならないよう心がけています。

カップボードには必需品の電子レンジとトースター、あとは自分の好きなものも置きますが、ごはんの準備中に器を置いたり、子どもの水筒を乾かしたりと何かと使うことも多いので、空きスペースも大事にしています。

▶ 2016年 06月 19日

今日の晩ごはんはハッセルバックポテト

今日の晩ごはん。いま話題の「ハッセルバックポテト」が食べたいとリクエストがあったので、一緒にソーセージと野菜も適当にオーブンに入れて、楽チンごはん。じゃがいもにたくさんの切れ目を入れて、オリーブオイルとマジカルスパイスをかけて焼くだけのハッセルバックポテト。あとはパスタとスープ。みんなで適当に取りながら食べました。

▶ *mini column* 朝家事、夜家事の工夫

朝の工夫

次の日の朝食で使う予定の食器類を、夜のうちにカップボードに準備してから寝るようにすると、朝食の準備がスムーズに進むようになりました。

夜の工夫

夜は必ずシンクと水栓の拭き上げをしてから寝るようにしました。汚れや水あかが残ることがないので大掃除のときに大変！ということがありません。

排水口カバーは外し、アルミホイルを丸めてかごに入れておくだけでヌメリ知らず。

12

chiiさん

chii

こだわって作った台所は私の特等席です。

松山市在住。3歳の娘の子育てとフルタイムの仕事をこなす傍ら、とある競技の現役選手として競技活動にも励むアスリートお母さん。幼い頃から台所に立つ母の姿が大好きだった。その影響で新居建築時には一番に台所にこだわると心に決めていた。一昨年に念願が叶い、気張らず、気取らず、背伸びをせず、家族の笑顔をつくる楽しい空間が完成しました。「台所」ここは私の特等席です。

家族構成
夫、自分、長女3歳

Instagram
@chii_moi

▶ 台所に関して、過去と今とで変化したこと

新居に住んでから、ひとつひとつの台所道具を大切にする想いが強くなりました。「見せる収納」を主体にしたこともあり、道具を選ぶときは常に自宅に飾ったとき、食卓に置いたときをイメージしながら手に取ります。

▶ 今の台所についてもう少しこうしたいというところ

「ガス」が恋しいです。IHの機能も非常に便利なのですが、ガスの青い炎はある意味、台所を活気づける灯でもあるのかなと。IHとガスの両方が備わったコンロもあるので、いつか機会があればそちらにしようかなと密かに目論んでおります。

▶ 台所仕事に関してこれからやりたいこと

機能的かつ「魅せる」収納と男前な雰囲気のキッチンを目指して道具を吟味していきたいです。

▶ 2016年 04月 10日

拭き掃除でスッキリ!

棚も床も全部拭き掃除しました。スッキリ! キッチントップや食器棚のお掃除は、基本は「マジッククロス」で水拭きですが、キッチンは気になるときに、食器棚は月1程度でクリーナーも使います。「ecostore（エコストア）」のマルチクリーナースプレーを使っています。シトラスのさりげない香りが好きです。

2016年 05月 13日

無地の食器を置いてシンプルに

カウンターの下で使っている無印良品のスチールシェルフ。こちらは幅86㎝×奥行き41㎝×高さ83㎝のもの。主によく使う食器の収納として使っています。カウンターとシェルフの間にできたスペースを活用して、収納場所に困りがちな大皿などを収納しています。置く食器類も色柄ものではなく無地の食器類を置くことで、たくさん置いても見た目がシンプルになるように心がけています。一番下段には乾物やコーヒー豆、お酒類などを置いています。

2016年 05月 29日

台所の眺めが好き

晴れた日の台所は特に好きな眺めです。出勤前にはなるべく状態をリセットして、帰宅したときに夕食の準備がスムーズにできるように心がけています。出勤前のほんのひとときに、台所を眺め、お茶を飲みながらカメラを手に取っていつものように撮影していたところ、カウンターに出しておいた卵に忍び寄る小さな手が。「ママ、卵を保育園に持っていきたいなー、保育園でお料理するの」と卵泥棒が……。今日も何気ないひとときからの1日の幕開けにほっこりしました。

▶ 2016年 06月 02日

朝の20分で夕飯仕込み

朝の時間を有効に活用できたときは、その1日をとても有意義に過ごせる気がします。それが毎日とはなかなかいかないのが現状ですが、時間に余裕があるときは必ず1品作っておくようにしています。最近よく見る、一度に手際よくいろいろな常備菜を仕込むというスタイルに憧れてはいますが、とにかく私は不器用でして。なので、ワンパターンなメニューでもいいからとりあえず1品作って仕上げておこうというタイプです。

▶ 2016年 06月 03日

娘と台所に立てる喜び

お手伝い中の娘・3歳。やらせてあげられることは限られていますが、好奇心と意欲はなるべく大切にしてあげたいと思っています。嬉しそうに調理をする娘の姿を見ながら、こんなに早くから台所に一緒に立てるなんて……と喜びを実感しました。決して大きくはない自宅ですが、思い切ってアイランドタイプにしてよかったなと思うときでもあります。娘が作っているのは保育園で食べる朝のお弁当のおかずです。自分で作ったものはペロリと平らげているようです。

2016年 06月 06日

「飾ってよし。使ってよし。」の台所道具たち。

我が家のカウンター。普段よく使う道具が置いてあります。よくお買い物をする「SCOPE」というお店で特別に作られたキッチンツールキャニスターは全サイズ・全色揃えたほどのお気に入りです。以前はお玉やフライ返しなどの道具はキャビネットに収納していましたが、やっぱり出し入れしにくくて使いづらく感じてしまい、結果的に「立てる収納」に落ち着きました。コツコツと集めてきた道具たちが並ぶこのカウンターを眺めながら台所仕事をするのが私の楽しみでもあります。

mini column 台所での毎日の時間割

朝

05:30	食洗機の食器を片付ける、お湯を沸かす
05:35	簡単な拭き掃除と整頓
05:45	夕食の下ごしらえ
06:00	朝食とお弁当作り
06:20	カウンターで自分の朝食タイム
06:50	娘の朝食タイムの傍ら後片付け

夜・仕事だけの日

18:30	帰宅
18:40	夕食の仕上げ
19:10	夕食
19:40	夕食後の片付け
20:20	ティータイム
20:50	簡単な拭き掃除と整頓

夜・仕事後に練習がある日

20:00	帰宅
20:15	夕飯の仕上げ
20:40	夕食
21:00	夕食後の片付け
21:20	簡単な拭き掃除と整頓

▶ 2016年 06月 18日

愛用のコーヒースタンド

一目惚れしたコーヒースタンドです。真鍮《しんちゅう》とウォールナットの組み合わせで男前なデザインがお気に入り。変幻自在なアームも便利です。気に入った道具の数々、出番があるまでどこかにしまっておくものばかりでは寂しいので、いつも台所のカウンターや棚を眺めては飾るものを移動させてみたり入れ替えてみたりして日常的に楽しんでいます。

▶ 2016年 06月 19日

愛用の食器たち

行きつけのお店や旅先で買ったものなど愛用の食器いろいろです。風合いや佇まいなどの個性が好きです。最近の追加は高島大樹さん（中央の楕円のもの）。松本圭嗣さんの黒い小皿。このほか、大谷哲也さん、吉田次朗さんなど。

▶ 2016年 06月 27日

整っているとモチベーションが上がります

家にいると気が付いたらキッチンにいて、常に台所仕事をしています。きれいに整っているときは特に台所仕事のモチベーションが上がりますね。

私は面倒くさがりの性格なので、扉の開閉や引き出しの奥のものを引っ張り出すことすらおっくうに感じてしまいます。なので自分のスタイルに合った「見せる収納」を意識して、思い切ってキッチンをインテリアのようにしてみました。キッチン道具も雑貨も、ときどき場所を移動させて、楽しんでいます。

▶ *mini column* 朝家事、夜家事の工夫

朝は娘が起きるまでが勝負です。5分しかなくても、先のことを考えて野菜や肉の下準備をします（皮むき、カットだけでも）。

夜にそうした時間ができればそうしています。そうすると気持ちがとても楽になり少しの余裕につながります。今も決して手際はよくありませんが、時短を意識した行動にはだいぶ慣れていきました。

「1日に1度は家族の時間を作る」という意識が強い主人です。我が家は共働きの上に、朝出かけるのがとても早い主人。夜は家族揃っての食事の時間を大切にしたいと思っています。それができないときは、就寝前のちょっとしたティータイムで補えるように工夫しています。

「釜定」さんの鉄鍋がいい仕事をしてくれる朝です。

オーブンで「ピーマンの肉詰め・夏野菜の豆乳トマトソース」。大谷哲也さんの平鍋で。

13

さきこさん

sakiko

大好きな北欧食器やキッチン用具で楽しい台所時間。

広島県在住、40代主婦。10年程前から北欧の食器や雑貨・家具に魅了され生活の中で取り入れるようにしている。家の中で一番好きな台所で気持ちよくおいしいお料理ができ、楽しく家事ができるように、好きなキッチン用品を揃えたり季節の花を飾ったり、日々工夫しています。お料理に合わせて盛り付ける器をどれにしようかセレクトする何気ない時間も楽しみのひとつです。

家族構成

夫30代、長男11歳、長女7歳の4人家族

▶ 台所に関して、過去と今とで変化したこと

料理の配膳をしたりする作業台の下をずっと食器棚として使っていましたが、歳とともに中腰での作業が苦痛になり、パントリーとして使っていた棚を食器棚にチェンジしたら腰に負担もかからず効率もよく、ますます器選びが楽しみになりました。

▶ 今の台所についてもう少しこうしたいというところ

タイルキッチンはやはり掃除やメンテナンスが大変。わかってはいたのですが（笑）。いずれ掃除しやすいものにリフォームするかもしれませんが、それまでは大事に使いたいです。

▶ 台所仕事に関してこれからやりたいこと

キッチンの引き出しの中がすぐにごちゃつくので、何がどこにあるかすぐわかるような引き出し収納にできるよう、いろいろな本を見ながら勉強中です。

Instagram
@kurashinoshiori

▶ 2015年 09月 21日

お掃除頑張りました

今日はおうちモード。朝は曇ってたけど、お昼から晴れてきたので、休み休みお掃除も頑張りました。お気に入りの「ハーマン」のコンロをキレイに。五徳は食洗機にかけたら油汚れが取れスッキリ。

今からコーヒーを飲みながらカープの試合を観よう！

2015年 10月 01日

食器棚の北欧食器

11年間パントリーとして使っていた場所を食器棚としてチェンジしてみました。お気に入りの北欧食器も同じ柄で並べてみたり。

　これがなかなか使いやすく、娘もお手伝いがしやすくなったよ～と喜んでいるのでこのまま食器棚として使ってみようと思います。

2015年 10月 21日

キッチンを
キレイにしました

今日は掃除日和だったので、床拭きも念入りに頑張りました。無垢材の床、はりきってクイックルワイパーで拭きました。

　加湿空気清浄機は10年使っていたので、先日買い替えました。日立の「クリエア」です。シンプルでデザインよし、機能もよしで毎日フル回転です。

2015年 11月 06日

お気に入りマグばかりの
ミニ食器棚

ミニ食器棚には、普段使いのお気に入りマグを並べています。

扉を開けて、今日はどのマグでコーヒーを飲もうかなぁと選ぶのも楽しみのひとつです。

▶ 2016年 04月 16日

お気に入りのヴィンテージカップたち

数年前からコツコツと集めたカップ＆ソーサーや、母からいただいたフィンランド土産のムーミン親子の置物、白樺細工でできたミニかごやメガネケースを飾り、ヴィンテージ家具でディスプレイを楽しんでいます。

▶ 2016年 04月 21日

目隠しカーテンを作りました

キッチンの食器が入っている棚の扉を取って、北欧ファブリック「アルテック」の、「H55」柄の布を取り付けました。これがなかなかいい感じで、風通しはいいし、明るいし、食器も取りやすいしでいいことばかり。大満足で、キッチンを見てはニヤニヤしています。

▶ 2016年 04月 27日

レモンジャムに挑戦

瀬戸内の無農薬レモンが安かったのでレモンジャムに挑戦1。部屋中にレモンの爽やかな香り。手間がかかったけど、おいしくできて、今朝もトーストに付けて食べました2。

1

2

▶ 2016年 05月 05日

ホットケーキを焼きました

朝ごはんはパンの買い置きがなくて、ホットケーキを焼きました。北欧食器もいろいろ使って。ホットケーキのときは、フォークとナイフの絵柄デザインで有名な、「ダンカンショットン」のプレートを迷わず選んじゃいます！　ホットケーキをのせるととてもかわいいのです！

▶ 2016年 05月 05日

今日は餃子パーティ

焼いてる間に旦那さんがチャーハン、私はサラダ作り中。ビールが進みそう。今日の餃子はみんなで包みました。ゴールデンウィークに遠出もいいけど、みんなで餃子を包みながらカープの話をしたり、共同制作も楽しくて思い出に残るね。娘もお兄ちゃんも、昼間たっぷり自転車に乗ったり、キャッチボールしたりしてるから食欲モリモリ（笑）。

▶ *mini column*　台所での毎日の時間割

06:00	夫のお弁当・朝食作り
06:45	朝食の後片付け
07:00	麦茶を沸かす
07:15	食洗機の食器の片付け
08:00	夕飯の下ごしらえ（材料を切ったり・湯がいたり・下味をつけたり）
16:30	夕飯準備
18:00	だいたいこの時間に夕飯を食べるようにしている

▶ 2016年 05月 14日

作り置きがあるから ラクできます

お兄ちゃんのお弁当も作り終わり、朝ごはんの準備中。昨日作っておいたコールスローがあるから楽チンできまーす。

食材はあらかじめ下準備して保存容器やボウルに移し替えておくと、お料理がはかどりキッチンがぐちゃぐちゃになりません。

▶ 2016年 06月 05日

今夜はビビンバ

ビビンバ、ただいま下ごしらえ中。あとはお肉を焼肉のタレで炒めたら完成。お野菜とお肉たっぷりだから、カラダにもいいよね。私は辛いの好きだから、いつもコチュジャン多めです。卵スープも今から作ります。

▶ 2016年 06月 05日

ビビンバ完成

温泉卵を買うの忘れてたー！　早く食べたくて温泉卵を作るのもやめました（笑）。おこげ付きのビビンバができる石鍋が欲しいなあ。ではでは、コチュジャンを絡めていただきます。

2016年 06月 10日

復刻版の北欧食器にうっとり

北欧の陶器ブランド「ロールストランド」の「エデン」シリーズ。復刻版が出たと知りながら、買いそびれてネットでは品切れ。諦めていましたが、Instagramでフォロワーさんから情報を聞いたので買いに行ってきました。とりあえず何も置かずに記念にパチリ。ステキ過ぎてうっとりです。上手に使いこなせるかな。

2016年 07月 05日

畑の野菜を収穫しました

暑くて、早くも夏バテしちゃいそうです。畑の野菜が元気に成長中で、ししとうやなすび、ピーマン、ミニトマトを収穫。きゅうりも、昨日4本収穫しましたが、浅漬けにしたら完食しちゃいました（笑）。そして小さい瓶のほうの梅シロップができたので火に通してアク取り中です。子どもが楽しみにしてるので、早速飲ませてあげまーす。

mini column 朝家事、夜家事の工夫

朝の家事の工夫

平日の朝食は洗い物を少なくするために、ワンプレートにするほか、バター・ジャム・などの朝食セットを作って子どもも手伝えるようにしています。

配膳セットを夜のうちにセットして忙しい朝に子どもも手伝えるようにしています。

夜の家事の工夫

その日の家事が終わったら、アルコールスプレーの「ドーバーパストリーゼ77」でまな板の除菌をしています。スポンジは夜の洗い物が全部終わったらしっかり水切り。翌日使うとき気持ちいいです。

また、排水口の水切りかごをブラシできれいに洗います。これは結婚してからずっと続けています。

14

ゆみさん

yumi

大阪府在住。食べ盛りの小学生の男の子を育てるお母さん。パートタイムで保育士として働いています。台所しごとは毎日の暮らしと、家族の元気を支える基礎と思い、日々楽しみながら台所に立っています。

家族構成

夫、自分、長男10歳

▶ 台所に関して、過去と今とで変化したこと

吊り戸棚のない収納が少ない台所ですが、炊飯器を使わなくなったり、定期的に物を見直して減らしてきて、床に何も置かないようにできたところ。

▶ 今の台所についてもう少しこうしたいというところ

将来的にはリフォームをして、引き出し収納の付いたキッチンにしたいです。

▶ 台所仕事に関してこれからやりたいこと

作り置きなどに使う、保存容器について。少し出し入れしにくさを感じているので、量と収納の見直しをしたいと思っています。

台所仕事は、家族の元気を支える基礎。

Instagram
@spring2520

▶ 2016年 02月 08日

朝のキッチン

写真は朝のキッチン。このぐらいリセットできていたら、帰宅後、作り置きや夕飯準備に取りかかる時も気持ちが楽。少し未来の自分のために。ちょっと先取りして頑張る。できないときは小休止を入れながら。そんな日々の繰り返しです。今月から、夫の出勤時間が変わり、息子と同じ時刻に出発になりました。お弁当と朝ごはんの用意が同時進行！ 帰宅時間も少し早まりそうで、作り置きの曜日や内容、朝家事のやり方も少し見直したいところです。

▶ 2016年 02月 29日

食べ忘れのないように

冷蔵庫記録。上から3段目に作り置きを置いてます。金曜日ぐらいにはすかすかになります。私の場合、見えない＝食べ忘れることがあるので、この段は奥行きを半分にして、あえて、奥に置けない状態にしています。見通しが利くほうが無駄が減ります。

先日、テレビに献立名人のスーパー主婦の方が出ていて、その日のメイン食材を、冷蔵庫の決まった位置に置いておくだけでも違うとのこと。やっぱり、家事はひとつでも先を行くことが大切なんだなぁ。

▶ 2016年 03月 15日

余分なものを処分しました

今日はひと月に一度の資源回収の日。あらかじめまとめておいたもの以外に、さらに今朝、いらない雑誌なども探して探して、出し切ってスッキリ。こういうスイッチが入ってしまうと止まらない（笑）。

まず、前々から気になっていた子どもの作品（幼稚園や学校から持ち帰ったもの）を、写真に撮ってから処分しました。これはフォトブックにする予定です。その後、押し入れや玄関、キッチンの背面収納の掃除と整理もやりました。小さな変化でも、余分なものがなくなってきれいにすると気持ちがいいです。

▶ 2016年 04月 10日

キッチンの念入り掃除

今日は特にお出かけしない日曜日だったので、キッチンの念入り掃除を。換気扇のフィルターや整流板を洗い、コンロはガラストップクリーナーで磨く。五徳はセスキとクエン酸で煮て、焦げ落とし。シンクは重曹で磨きました。実は先日、某所の換気扇の掃除をしました。何年も洗ってないと思われるシロッコファンをセスキで煮て緩め、ヘラでこそげ落とし、また煮洗い、3回ほど繰り返してやっと9割方落とせましたが、まぁ手強い……。やっぱり汚れはためないことが、結果的には楽ちんなんだなぁと実感しました。

2016年 04月 26日

キッチンの朝リセット完了

キッチンの朝リセット完了。平らな場所にはつい物を置き、隅っこにはガレージの落ち葉のように物が吹き溜まる。我が家も同じです。だけど、何も置かない平らな場所が見えるとすっきり、気持ちもフラットになれる気がします。

2016年 05月 10日

息子が朝食を作ってました

今朝も朝食を作ってました。エビとじゃがいもとピーマンのスープ、卵焼き、温野菜（作り置きのもの）だそうです。腰に手、襟立ってます（笑）。

日曜日は母の日でしたね。特別なことはなかったけど、「母ちゃん！ 実にありがとうー！」って言ってハグしてくれました。

2016年 05月 13日

息子に使いやすい食器棚

今朝は、息子が朝ごはん分とお父さんのお弁当分の卵焼きを作ってくれました。最近は自分から冷蔵庫の食材や調味料を選び、調理し始めるので、息子にも使いやすいキッチンにしておきたいと思います。

食器棚の上側の、一番下の段の器は、「どれを使ってもOKだよ」と伝えています。「イッタラ」の「ティーマ」や無印良品の「磁器ベージュ」など、使いやすくもし割れても買い足せるもの。一番よく使うお茶碗とお椀は、右端にまとめて、ここだよ、とわかるようラベリングもしてます。

2016年 05月 24日

目標の時間を決める

朝の家事の終了時間は通常8時にしています。2度目のお洗濯が終わってないことや、少し過ぎてしまうこともありますが、自分自身で、はい一旦ここで終了！と切り替えるように。8時からの30分は、コーヒーを飲みながら、献立ややることリストを考える時間にしたいなと思います。できるかな。だいたいの動く順番と、終わる時間を決めておくと、いつまでもあれもこれも……、と気になり手を付けてしまって、時間が過ぎるのを避けられる気がします。

2016年 05月 30日

散らかさない仕組み

ダイニングテーブルの横にある、奥行き25㎝の薄い棚。リビング収納のない我が家では、小さいけど重要なスペースです。

矢印は、とりあえずかご。処分か保存かすぐには決めない、日常で必ず発生する宙ぶらりんなものを隠します。ちょうど私の席の後ろ側なので、時間があるときに座って中身をチェックしてます。

足元に置いたかごは普段使いのバッグ入れ。夫も帰宅後にここに入れてくれます。家族にも習慣にしてもらうには、少ないアクションと歩数だと思うので、いろいろと見直しています。

mini column　台所での毎日の時間割

05:50	圧力鍋でごはん炊き始め
06:00	着替え洗濯
06:10	朝ごはんとお弁当作り
06:40	朝食
07:00	片付け、ごみまとめ　その後、身支度、洗濯干し、掃除など
08:00	朝家事終了
15:30	夕飯準備
18:00	夕飯
19:30〜20:00	片付けリセット

2016年 06月 01日

朝の時間割を「見える化」する

出勤までに終えたい朝家事。今までもタイムスケジュールを書いて、キッチン奥のホワイトボードに貼っていましたが、見えづらかったので、シンク横、冷蔵庫の側面に、時計と一緒に貼ることに。ちらっと見ながら、時刻と動きを確認してます。だいたい20分刻みにしていて、同じ順番でできなくて入れ替わっても、何時までにコレが終わっていればOKと、頭の中でパズルをしてます。曜日ごとに決まっている予定（ごみの日など）と、夕方から以降の時間割もざっくりと記入してます。

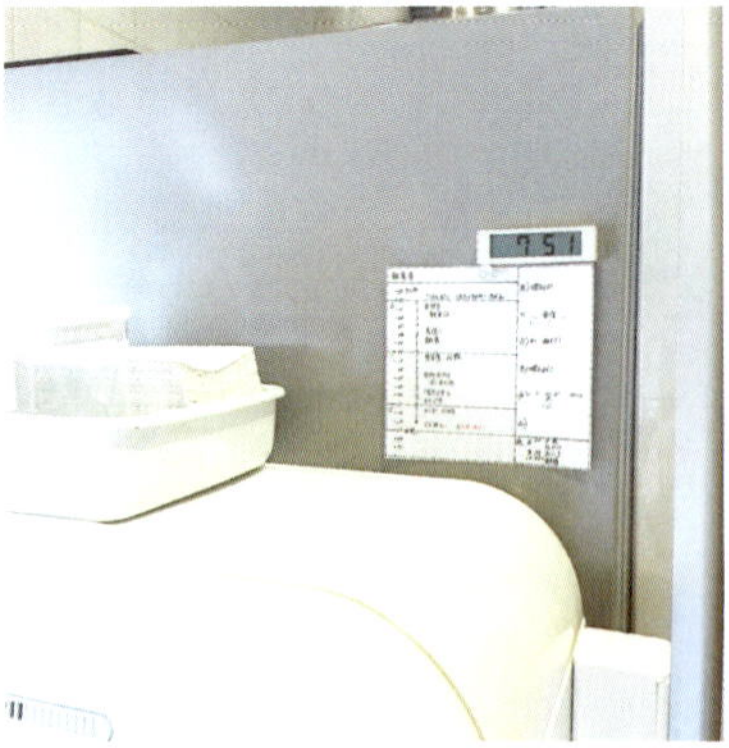

2016年 06月 02日

朝食のパターン化

ごはん、おみそ汁、作り置きおかず、卵焼きなど、朝簡単に調理したもの。おじいちゃんのぬか漬け。パン食のほうが簡単だと思っていたけれど、お弁当作りと並行できるので、和食も意外と時間がかからないとわかりました。毎朝、同じパターン、同じ器、同じ時間に揃って手を合わせ「いただきます」そんな「いつも通り」が繰り返されることが嬉しいです。

2016年 06月 07日

平らにしていく

8時前に朝家事完了。完了といっても、まだまだやることはあるけど、時間を区切って、ストップします。ダイニングテーブルやキャビネットの上、キッチンカウンターなど、平らなところに何も出ていない状態になっていると、（とりあえずかごに突っ込んでても）帰宅後の気持ちよさが全然違います。

今日はまずまずいいお天気。息子は田植えをするそうです♪

2016年 06月 14日

作り置きのルール

月曜日の午後に1時間半ほど。何を作るか決めて、ふせんに書いて調理台の目の前に貼る。食材をすべて出す。調味料も出して並べておく。きれいなさらしを何枚か用意。野菜から調理。その後、肉魚系へ。洗う、切る、はできるだけまとめて。ゆでる、蒸すから始め、煮る、焼くへ。蒸し野菜はこんな感じで、ステンレスの蒸し器で作っています。何も敷かずに、固い野菜から時間差で入れていきます。蒸し時間はだいたいで、蓋を開けて様子を見ながら、自分の感覚を使います。

2016年 06月 16日

ごはんは圧力鍋で

朝起きたら一番にする家事は、朝食とお弁当用のごはんを炊くこと。「ヘイワ」の圧力鍋で炊いています。炊飯器はありません。軽いほうの重りを乗せて中火、しゅんしゅんとなって30秒くらいしたら、極弱火で9分。そのままふたが開けられるようになるまで蒸らす。ごはんが余ったら冷凍します。四角い小さなバット（プラ製、セリア）に、ラップして包み、四角い形になるよう軽く押さえて。この方法だと、冷凍庫でも並べやすく、だいたい２００グラムになることがわかりました。こういうちょっとした発見って楽しいです。

mini column 朝家事、夜家事の工夫

朝の家事

以前は家族が出かけたあとにひとりで朝ごはんを食べていましたが、時間を早めて家族で一緒に和食の朝ごはんをとるように変えたら、朝家事の終了も早くなり、出勤前にコーヒーを飲んでひと息つける余裕ができました。

そして、おいしいパン屋さんのパンをゆっくりいただくという、休日の朝の楽しみができました。

今日の朝ごはん。かぶのポタージュ、たまごサンド、コーヒー。

15

ユキさん

yuki

茨城県在住、40代。高校の購買担当をしています。整理収納アドバイザー2級を取得。毎日を大切に。暮らしも心も整えて過ごしていきたいです。好きな言葉は「家事は家族への思いやり」です。

家族構成

夫、自分、長女19歳、次女16歳の4人家族

▶ 台所に関して、過去と今とで変化したこと

以前は隠す収納にしていましたが、料理を無理なく楽しめるように見せる収納にしました。料理が好きではなく「義務」だと感じていた頃は作る時間になると憂うつな気持ちでしたが、せっかく料理を作るなら楽しみたい！と考えてからは気持ちに変化がありました。今は丁寧に作ることに喜びを感じています。

▶ 今の台所についてもう少しこうしたいというところ

水切りかごの利用方法を考えてみたいです。置かないことも検討しています。

▶ 台所仕事に関してこれからやりたいこと

冷蔵庫を移動して冷蔵庫裏の壁や床の掃除をしたいと思います。あとは、シンク下の収納の見直しをしたいです。

「お弁当作り＝気が重い」は卒業！料理は楽しみながら頑張ります。

Instagram
@yukichan315

▶ 2015年 06月 25日

次女のお弁当リクエストメモ

小さい頃から特別なお弁当の日が近づくとテーブルの上にリクエストのメモが置いてありました。久しぶりに幼稚園の頃に次女が書いたメモを見てみると……。「唐揚げ、卵焼き、ブロッコリー、トマト、スパゲッティ……」あら？……今と同じ。もしかして私のレパートリーは9年前から増えていないかもしれません（笑）。

2015年 07月 15日

新しいエプロンとキッチングッズ

料理が憂うつな私、やる気スイッチを入れるために読んだ本に「新しいエプロンとキッチングッズで気分を上げる」と書いてあったので何年ぶりかでエプロンを購入しました。エプロン、前に買ったのはいつだったか忘れてしまっているくらい久しぶり！　ウエストでキュッと結ぶタイプは初挑戦。お料理のモチベーションが上がってきましたよ。

2015年 07月 24日

みかんゼリーを作りました

みかんの缶詰で大きなゼリーを作りました。相変わらず台所に立つのは気合いが必要ですが、エプロンをキュッと結んだら楽しく作ることができました。今日は土用の丑の日。この日にうなぎを食べると病気にならない……と言われています。季節の行事も取り入れながら……今夜はうなぎ&きゅうり&白ごまのひつまぶし風混ぜごはんを作ってみようと思います。

2015年 07月 29日

ワックスがけをしました

冷蔵庫を移動して周囲や床を掃除し1、冷蔵庫の上に貼った汚れ防止用ラップも取り換えてから、台所のワックスがけをしました2。扇風機で乾かして2度塗りをしたら台所を封鎖。ワックスをかけた日は、水濡れ防止&疲れているので夜は外食♪　次女が「私は夏休みの宿題。お母さんは台所の大掃除。お互い7月中に終わらせようね」と軽いプレッシャーをかけてくれます（笑）。16年目の台所。大切に使っていきたいです。

1

2

2015年 09月 07日

中学最後の体育祭

次女の中学最後の体育祭。お弁当は、前夜のうちに仕込み、翌朝9時のスタートになんとか間に合いました[1]。副団長として夏休み中も精一杯練習を頑張ってきた娘。当日、優勝はできなかったけど、笑顔と感動、涙、涙の体育祭でした。帰宅してからは、近所の友人たちとビデオ上映会を楽しみ、アッという間の1日が終わりました。片付けは明日にしようと水に浸けておいたお弁当箱……。朝見ると「お母さんお疲れさま」というメモとともに洗ってありました[2]。一番疲れていたのは娘だったのに。驚いたけど、とても嬉しかったです。「お弁当頑張って作ってよかったなぁ」これからも料理頑張れそう。そう思いました。

2015年 09月 23日

栗の混ぜごはん

シルバーウイークに栗をいただいたので、今年も栗の混ぜごはんを作りました。鶏肉と栗を甘辛く煮たら炊き立てのごはんに混ぜて冷まします。黒ごまをかけて出来上がりです。

2015年 11月 23日

献立表や学校書類はコルクボードに

学校の献立表や書類はコルクボードで保管しています。隣のカレンダーに予定を記入したら、廃棄しています。キッチンワゴンの上は果物やコーヒーミルの指定席。すぐ下にはトレイ。白いかごにはビニール袋のストックを常備して、ごみ袋の交換もスムーズです。年末に向けて少しずつ掃除を進めています。

▶ 2015年 12月 13日

お母さんも勉強してます

日曜日。今日は家にある持ち物の適正量を確認したり、年末までの掃除プランをメモ。娘がリビングで勉強しているときは、私も家計簿や手帳を広げ「お母さんも勉強中」アピール実施中です。

家計簿の月間スケジュールには外部模試や検定、面談、冬季講習の日程など受験関連だけを記入。シンプルに予定を管理しています（娘が図書館に出発したら私のスマホ時間♪）。

▶ 2015年 12月 15日

手帳時間の一コマ

今日は家計簿に、来年の特別支出プランを書き込みました。リビングにはテレビを見ている旦那。紅茶を飲んでいる長女。勉強している次女。そして手帳を書いている私。全員コタツに集合しています。

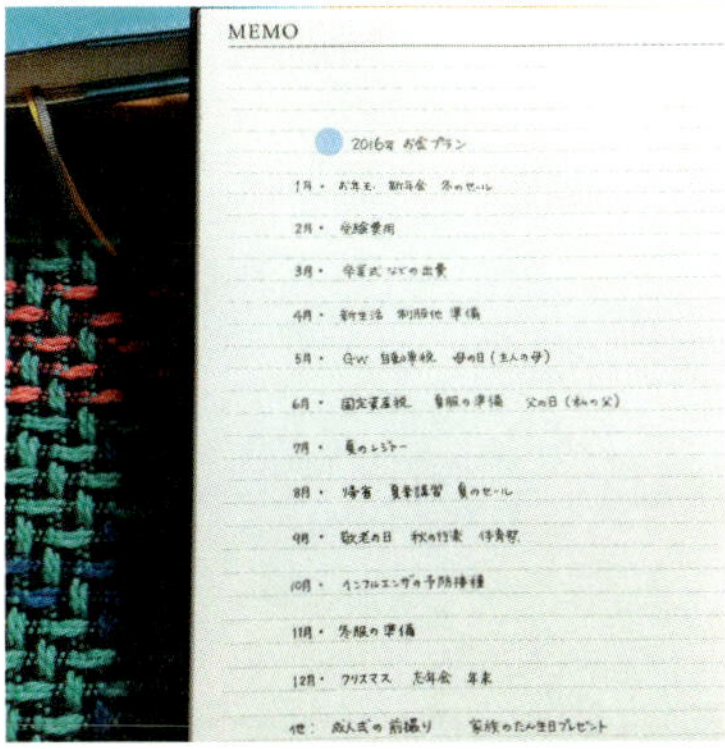

▶ *mini column*　台所での毎日の時間割

05:00	お湯を沸かして白湯を飲む
05:30	朝食＆お弁当準備開始
06:30	家族を起こす。盛り付け
06:45	みんなで朝食
07:15	片付け
16:00	掃除・洗濯物たたみ。家を整える
18:00	夕食準備
19:00	夕食
20:00	家族団らん、台所片付け
21:00	自分時間、明日の準備

2015年 12月 16日

もうすぐ家族が帰宅する時間

もうすぐ家族が帰宅する時間。最近は口を開けば「ダイエット！　ダイエット！」と騒いでいる娘たちに「カブとブロッコリーのマリネ風サラダ」を作りました。そのほかは、鶏肉とこんにゃく、きのこをメインにした煮物。なめ茸の大根おろし和え。おみそ汁はネギと豆腐です。夜はお米を食べないよ！　と言っているふたりですが、いつも通り炊いてあります（笑）。本当に三日坊主……食後にアイスとか食べてます（笑）。

2015年 12月 23日

食器棚のお掃除完了

一年の感謝を込めて食器の点検をして、食器棚のお掃除完了。今年1年間、手持ち食器すべて食卓に並びました。大皿や来客用の器は別の戸棚に収納しています。ウチは盛り付けのときについつい軽くて使いやすいものばかり出してしまいます。前回断捨離したときにそれに気付いてから、買い足すときも軽いお皿が多いです。ごはん茶碗を新しくしたいのですがゆっくり探していこうと思います。

2015年 12月 25日

シンク磨きをしました

主婦に家事を教えてくれるアメリカのホームページ「fly lady（フライレディ）」に『流しを磨こう！』という項目があったので、早速重曹を使って磨いてみました。片付けや掃除は孤独な作業。家事の手順はホームページをお手本にしたり、Instagramで皆さんの写真を参考にしたり。楽しみながら習慣にしています。1日1箇所大掃除。

2015年 12月 26日

ふきんを交換しました

親族が年末年始に集まるので、ふきんを新しいものに交換。今回は無印良品にしました。娘たちのひいおばあちゃんの49日もあり、静かなお正月を迎える我が家ですが、姪っ子甥っ子が来たら、忙しくなりそう。おせち料理もメニューをアレンジして、少し控えめな盛り付けがいいかなと、手帳に書きながら考えているところです。

2016年 04月 06日

お弁当作り＝気が重い、は卒業！

娘が勉強部屋で使っていた白いテーブルが台所に帰ってきました。来週からはこの白い作業台で、高校3年間のお弁当作りをスタートします。料理を楽しむようになってからは台所にいる時間が増えました。初期の頃は洗い物や洗濯たたみをすることも後回しだったけど、気持ちに変化がでてきました。もう、「お弁当作り＝気が重い」は卒業！ 楽しみながら作っていきたいと思います。寝坊しないように頑張ります！

mini column 朝家事、夜家事の工夫

食事で工夫していること

メニューはその日の気候や家族の体調によって決めています。卵料理はゆで卵やスクランブルだし巻き卵、目玉焼きなどに。鶏のササミも、ゆでてサラダにしたりチーズを巻いてフライにしたり。煮物用に切っておいた大根もステーキ風にソテーしてアレンジします。家族も今日は何ができるのかな？と楽しみにしてくれます。

一汁一菜ごはんの日。シンプルに丁寧に作ることを大切に。

16

タエコさん

taeko

奈良県で田舎暮らし。築100年の家に13年間暮らし、ずっとDIY生活でした。今は念願だったイングランドスタイルの新築のおうちに住み、やはり家族一同でDIY生活を楽しんでいます。仲間と一緒に木製の家具や雑貨を作り、販売しています。

家族構成
夫、自分、息子12歳

▶ 台所に関して、過去と今とで変化したこと

Instagramやお料理の雑誌を意識的に見るようになってから、面倒がらずいろんなお料理に挑戦できるようになりました。それから必要な調理器具だけを置くようにしたら迷わずお料理に取り組めるようになりました。

▶ 今の台所についてもう少しこうしたいというところ

カウンタースペース、パントリー（食材庫）が欲しいです。また、リビングからキッチンや冷蔵庫が丸見えなので、キッチンだけの部屋が欲しいです。

▶ 台所仕事に関してこれからやりたいこと

料理の幅を広げ、センスを磨きたい。手の込んだ難しいお料理、見た目の素敵なお料理、米粉パンなどを作っていきたいです。

DIYで作り上げた念願の台所。すべてがお気に入りです。

Instagram
@cherryhouse_taeko

▶ 2016年 03月 02日

好みの色に塗り替えた冷蔵庫

キッチンに似合うようにアンティークホワイトに塗り替えた冷蔵庫。もっとさびた感じにしたくて、作品のペンキ塗りついでにこげ茶色を増やしてみました。
お気に入りの冷蔵庫。気付いたときにちょこちょこと拭いて、常にきれいな状態にしています。

▶ 2016年 04月 11日

日曜日のキッチン風景

日曜日のキッチン風景。いつでもこのキッチンが大好き。家族で作ったキッチン。すべてがお気に入り。面倒な食事の用意もここでなら頑張れてしまいます。使いやすく、見た目にも納得いくキッチンって難しいですよね！　いろんな方の素敵なキッチンを見ては、自分のキッチンでできるか考えながら少しずつ取り入れていってます。まだ納得はしていないですが、以前より理想に少し近づいてきてます♪　それもまた愛着がわいて楽しいんです。

▶ 2016年 05月 13日

今日も全力投球

今日も1日終わりました。今日も全力投球。毎日、あっという間だね〜。おまけに食事だらけの土曜日だし……。

平日はいつも3時半起きで動き回り、朝の2時間で掃除まで終わらせています。平均睡眠時間3、4時間の私。あまり寝なくても大丈夫なタイプですが、枕元には目覚ましが6個。年々増えてます……。

▶ *mini column*　台所での毎日の時間割

03:30	起床（平日の場合）
04:00	前日に洗って乾かした食器のお片付け。朝食とお弁当準備。（掃除や洗濯、お化粧しながら……）
07:45	朝食の片付け、食器洗い
18:30	夕飯用意（洗濯物片付け、お風呂掃除しながら……）
21:00	夕飯後食器洗い、お片付け
23:00	お風呂で使ったシャンプー容器などを洗剤をつけて洗う

〜それ以外の時間は仕事をしてますが
合間に焼き菓子をよく焼きます〜

2016年 05月 27日

晩ごはん用意

肉団子作りを始めましたが、卵が足りない。困った。ゆで卵に使い過ぎた……。

　結局、2個必要なところ、1個でなんとか作りました（笑）。

2016年 05月 30日

今日の夕飯はミートローフ

風邪ひき息子くん塾の日。山奥住まいなので小学校へはバス通学。塾の日は、車で迎えに行きます。ついでに夕飯を食べさせてから塾へ送ります。

　まだお昼過ぎですが、もの作りの仕事をいったん離れてキッチンへ。今日の夕飯はミートローフ。

カッティングボードやれんこん型の箸置きなどを作って販売もしています。

2016年 06月 03日

バラをドライフラワーに

先日葉っぱを切り過ぎた庭のバラ。貧弱ですが、ちゃんとドライになってくれ、キッチンの窓辺に飾りました。

　食器や用具を取り出すときに、ついでにその棚や回りを拭いてピカピカを保っています。

2016年 06月 07日

晩ごはんは唐揚げ

晩ごはん用意ナウッ。勉強中のネイルに没頭し過ぎてすっかり遅くなってしまいました……。昨日のポトフがたくさん余ったのでキッシュ風にアレンジします。鶏もも肉は、にんにく醤油で漬け込んで唐揚げを作ります。

2016年 06月 21日

いつも見ている風景

普段わたしが一番見ている風景。大好きな風景。

朝5時、静かな朝。お弁当の用意と掃除は終わり、今から2回目の洗濯と大好きなお化粧をします。朝のこの時間があるから、1日が気持ちよくスタートできます。寝坊した朝は、エンジンがかかりません。

mini column 朝家事、夜家事の工夫

お料理の優先順位をつけてから調理し始める。

料理のときは使った用具を片付けながら。キッチンにモノを広げ過ぎない。

冷蔵庫の中を把握しておく（賞味期限の確認）。

冷蔵庫の中は、調味料の瓶などもお気に入りのものを使って冷蔵庫ごとお気に入りにする。

この日の晩ごはんは、さんまの生姜煮と他人丼。圧力鍋を使って、骨まで食べられるように。

17

leafさん

leaf

料理が一番好きな家事なのでキッチンはこだわって作りました。

2014年春に注文住宅が完成しました。料理が一番好きな家事なので、小さな家ながらキッチンだけは練りに練ったプランで自分にとって使いやすい間取りを考えて作ってもらいました。欲しかった作業台スペースとパントリーで使いやすいキッチンになり台所仕事もより楽しくできるようになりました。自宅でコーヒーを楽しむのが趣味です。

家族構成

夫、自分、ペット（犬♂ トイプードル）

▶ 台所に関して、過去と今とで変化したこと

生ごみの三角コーナーをやめて、ゴミ袋をかぶせて使うスタンド（ペットボトルや水筒も乾かせる）を料理するときだけ使用。料理が終わったらゴミを捨て、スタンドは片づけます。／大きめの食洗機に変えたので水切りトレイをやめました。手洗いしたものは、すぐ拭いて片づけてしまいます。

▶ 今の台所についてもう少しこうしたいというところ

身の丈のキッチンという点では今のところ大きな不満点はありません。

▶ 台所仕事に関してこれからやりたいこと

天然酵母で作るパン。月1回ほど、料理人が講師の料理教室に行っているのですが、一通り、和食、中華、イタリアンを受講してプロのレシピを習得したい。／ラテアートの練習。

Instagram
@leaf_asch

「10年後も好きな家」
http://ouchicafe1.exblog.jp/

▶ 2014年 06月 03日

オープン棚の見せる収納

キッチン横にあるパントリーの収納棚1。本当は設計段階で「あまりリビングからパントリーが丸見えにならないような配置にしてほしい」とお願いしたところ、パントリーの入り口に扉を付けることになっていました。でもいろいろ考え、結局扉をつけませんでした。入口のあたりだけしか見えないし、普段使うものは並べて全部見渡せて何があるのか把握できる状態にしたいと思ったからです2。

実際扉をつけなくてよかったです。あってもたぶん普段開けっぱなしだったと思います。おかげで、レイアウトを楽しんだり、棚をきれいに収納しよう！という気持ちがわいてきてこれでよかったかな？と思います。

▶ 2014年 09月 02日

キッチンのステンレス天板の掃除

キッチンを1日の最後に何もない状態に戻すこと。こうできるように新居のキッチンの収納や配置はとても工夫しました。そしてあえて潔くオープンなキッチンにしました。手元を隠したら絶対油断すると思ったのです。基本ズボラなので（笑）。

掃除は得意じゃないし、大好きってわけじゃないけど、キッチンだけは1日1回何もない状態に戻さないとなんだか寝られません。はっきりいってステンレスヘアラインのお手入れは気も使うし楽というわけではありません。でも拭いているとやみつきになるかも（笑）。ステンレスを光った状態にして眺めるのが大好きです。

▶ 2016年 03月 05日

トースターを持たない生活

わが家にはトースターがありません。これがないだけで、作業スペースが増えてとても快適です。昔は持っていたのですが、引っ越し前に断捨離しました。それにトースターってどんなに掃除してもなかなか掃除がしにくくて何年か経つと汚れが気になりつつも掃除がおっくうになりがちなアイテムでもありました。

わが家の場合、魚焼きグリルにトースト機能が付いています1。グリルで焼くと中はふわっと外はカリッと理想的な焼き上がりになります。魚の臭いが少し心配ではありましたが、調べてみると食パンを焼いている間は、パンの水分が蒸発しているため、パンには魚の臭いはつかないそうです。実際、臭いが気になることはありません。

1

2

焼き上がり。この日もおいしくいただきました2。

▶ *mini column*　台所での毎日の時間割

06:50	食洗機の食器を片付ける。夏は麦茶を作る
07:00	朝食作り（コーヒーは必ず淹れる。カフェラテorドリップコーヒー 夏はアイスコーヒー）
18:30頃	夕食準備（余裕がある時は常備菜も少し作る。週1～2回朝食用のパンを焼く。 夕食の準備と同時にパンの発酵をさせつつ夕食準備）
21:00頃	夕食の後片付け（食洗機に食器を入れる。キッチンの掃除）

2016年 03月 31日

椀かごの使い方

我が家の場合、夜寝る前に食洗機のスイッチを入れて、朝食器を引き出しにしまうというサイクルにしていますが、プラスチック類はちょっと乾きが悪いことがあり、ふきん片手に拭きながらしまっていました。が、最近常備菜用に保存容器を増やしてしまったので結構時間がかかるんです。朝は急いでいるとちょっと焦ってしまうことも。そこで、椀かごに入れて乾くまで置きっぱなしにすることにしました。乾いたら椀かごはパントリーの棚へ。これなら出しっぱなしでも多少は絵になるかな?

2016年 05月 25日

リビングからキッチンを眺めてみる

この季節に去年も飾ったドウダンツツジ、気に入ったので今年も飾ろうと思っていました。近所の園芸センターへ行ったときに偶然見つけました! グリーンはいいですね。なんだかすがすがしい気分になれる気がします。

2016年 07月 13日

ニトリの籐かごで収納の見直し

先日ニトリへ行ったときに購入した籐かごを使って収納を見直しました。キッチンの棚の1、一番上に入れていた100円ショップの白いかご2。扉を開けてさらにかごを引っ張り出して、というのがちょっと面倒だったのです。中に入れていたクロスやふきん類をニトリのかごにそれぞれ分類。キッチンクロス、ふきん、ペーパーナプキン、玉ねぎ、じゃがいも・にんにく、フルーツというふうに分け、パントリーの入口部分のオープン棚へ収めました34。

1

2

3

4

▶ 2016年 07月 14日

カトラリーの収納はぴったりに

キャビネットの真ん中の浅い引き出しにカトラリーをまとめています。最近少し整理し直しました。引き出しを開けると……ピタッとケースが収まっている姿が好き。

ケースは100円均一やら、無印やらいろいろな組み合わせですが、神がかり的なフィット感（笑）。ぴったり収まったときはジグソーパズルを完成させたときのような嬉しさがありました。といっても奥行きは少しだけ引き出しのほうがサイズが大きいのです。引き出しを開けるたび動くのが嫌なので、少しだけある奥の隙間にメラミンスポンジを挟んで固定しています。

▶ 2016年 07月 17日

新しいお鍋の決め手は使い勝手

片手鍋をやっと買いました！　実はひとつも片手鍋を持っていなかったのです。悩んだのですが、使いやすさを重視して選びました。「工房アイザワ ブラックピーマン 200V 雪平鍋 20cm」というお鍋です。木の持ち手が素敵で、注ぎ口もあって軽くて使いやすそうです。雪平鍋ですがステンレスで、シンプルでいて長く愛用できそうなデザインも好きです。主な用途はだしをとる、みそ汁などの汁物を作る、野菜をゆでる……とかかな？　今まではみそ汁もストウブで作ってました。これでかなり効率が上がりそうです。

▶ *mini column*　朝家事、夜家事の工夫

朝の家事

朝はとにかく慌ただしいので朝食の準備を少しでも早くするために前日の夜にトレイと朝使う食器をあらかじめ決めてキッチンの作業台にセッティングしておいています。

夜の家事

食洗機は1日1回、夕食後に。深夜電力の時間にタイマーでセットして朝、洗い上がっているようにしています。五徳も食洗機へ（1日1回で済む大きなサイズの食洗機を入れました）。

また、どんなに疲れていても1日の最後にキッチンのステンレス天板と換気扇の外側とガスコンロ周りは拭き上げます。1日の最後にはステンレス天板に何もない状態にリセットするようにしています。

18

小藤郁代さん

Kofuji Ikuyo

愛知県生まれ東京都在住。30代。作家ものの器や生活雑貨を販売するWEBショップBarBarBazar（バーバーバザール）主宰（現在は育児中のため休業中）。好きな音楽をかけながら家族や自分のためにキッチンに立つことが好き。使いやすいキッチンを目指して頻繁に配置換えを行っています。

好きな音楽をかけながらキッチンに立つことが好きです。

家族構成

夫、自分、息子（1歳5カ月）、愛犬（トイプードル）

▶ 台所に関して、過去と今とで変化したこと

リノベーションをして建材含め好きなものに囲まれるようになったらキッチン仕事が大好きになりました。／子どもが生まれる前は常備菜などあまり作らず時間をかけて夜ごはんを作っていたが、今は時間があるときにちょこちょこ常備菜を作って、夜ごはん準備の負担を減らしています。

▶ 今の台所についてもう少しこうしたいというところ

収納棚をいまいち使いこなせていないので棚の中を見直したい。

▶ 台所仕事に関してこれからやりたいこと

保存容器の整理／ジップロックやつまようじなど細々したキッチン雑貨の整理／シロップ作り、梅干し作り、干物作り

Instagram
@barbarbazar

「BarBarBazar」
http://barbarbazar.jugem.jp/

▶ 2015年 03月 30日

小さな工夫で使いやすく

キッチンの横壁にフックをつけたら、あら、とても便利！　小さな工夫で物が使いやすくなるとすごく嬉しいなぁ。壁に穴を開けるのはいつもドキドキしちゃうけど。

今日はパントリーをきれいにしよう。今は育児でお家時間が長いから掃除やら模様替えやら楽しんでいます。春は何かとやる気になります！

2015年 12月 04日

食器棚をパントリーに移動

息子が食器棚のガラスをバンバン叩いたり扉を開けたりするようになったので、怪我する前に食器棚を移動させました。何とかパントリー内に収まりました。

あとはパントリーの入り口に安全ゲートを取り付けて完成。本当はリビングに置いておきたい家具だけどしばらくは無理かな。部屋に危なっかしい家具がなくなったので思う存分ハイハイしておくれ。我が家はマンションなのですが、パントリーは広めに作って大正解でした。

2016年 01月 19日

家事完了！

キレイに片付けて、ふー、すっきり！ 今日は旦那さんのお誕生日。忙しい1日になりそうだ。

我が家のアイランド型キッチン。シンクとコンロが離れているのは正直使いづらくて、ちょっと後悔している部分。食材をシンク側で切ってるのでコンロまで運ぶときによく落としてます！ でも料理しながら息子の様子がよくわかるので気に入っています。

mini column 台所での毎日の時間割

06:15	夫のお弁当作り
06:30	夫の朝食準備＆夫朝食
06:50	息子&自分の朝食準備&お湯を沸かす（息子を起こす＆息子着替え）
07:30	息子＆自分朝食
08:15	食洗機の食器を片付ける＆朝食片付け
12:00	昼食準備
12:30	息子＆自分昼食
13:00	昼食片付け
14:00～17:00	息子のお昼寝のタイミングで常備菜作り＆夕食準備
19:00	家族3人で夕食（夫が帰ってこなければ息子とふたりで先に食べる）
20:00	夕食片付け＆夫のお弁当をできる範囲で準備

2016年 01月 24日

今日の持ち寄りメニュー

今日の持ち寄り会。メニューは……豚肉とりんごのチーズ焼き、ほっこり肉じゃが、パクチーとカイワレのレモン和え、れんこん挟み焼き、ネギ鶏もも、紫キャベツとりんごのサラダ、ごぼうのデリサラダ、キムパ、トビウオだしのお吸い物、りんごタルト、抹茶ケーキ。料理に果物を使うって上級者だなーと思う。今度チャレンジしてみよう！　気の合う昔からの友達って本当に貴重な存在。おいしい時間をありがとう！

2016年 03月 18日

水切りヨーグルトタルト

今日は息子がお昼寝している間におやつ作り。前に料理上手なお友達に聞いた水切りヨーグルトのタルト。さっぱりした味だから何個でもいけちゃう危険なタルト……。好みでお砂糖加えた生クリーム泡立てて↓水切りしたヨーグルト、レモン汁と混ぜて↓焼いたタルト生地に流して↓冷蔵庫で冷やして完成♪　とにかくしっかり生クリームを泡立てることがポイント。

今日は1日中キッチンに立ってたなー！充実感！

2016年 05月 21日

何の予定もない土日。

何の予定もない土日。平和だー。

お家の掃除をちょこちょこと。長野県松本市で行われる「クラフトフェアまつもと」に向けて、器の整理をしつつ、欲しい形やサイズを把握。3年振りのクラフトフェア。楽しみだな♪

パントリーの片付け

息子がお昼寝中にパントリーの片付け。片付けてもすぐごちゃごちゃになる……恐るべしパントリー。でもできるだけすっきりさせておきたい。片付けついでにちょっと配置換えしたら一番上が空いた！ 収納に余裕が持てると嬉しい！

持ち手付きたわしを買いました

最近のお買い物。「高田耕造商店」さんの持ち手付きたわし。以前より気になっていて先日合羽橋で見つけたので買ってみました。本来は靴の泥落とし用のたわしのようだけれど、キッチンで使っちゃう。フライパンや鍋の焦げ落としに使う予定。

ちなみに壁にかけてある真鍮《しんちゅう》のスプーンは、紛失したと思って松本クラフトフェアで買い足したら、しばらくして小麦粉の大袋から出てくるというおマヌケをやってしまった。ゆえに大さじ2本小さじ1本が仲よくぶら下がっています。

mini column 朝家事、夜家事の工夫

朝の家事

息子を起こしてからだと泣いたりぐずったりして朝食準備が進まないことがあるので、ある程度作ってから起こすようにしています。

昼の家事

育児中心の生活で常備菜を何品も作る時間がまとめて取れないので息子がお昼寝したすきにちょこちょこと作るようにしています。

夜の家事

夫が毎日お弁当を持っていくのでなるべく夕食のおかずをお弁当にも入れられるものにしています。

19

kumyさん

kumy

家族の笑顔に支えられて、台所しごと、ぼちぼち楽しんでいます。

京都府宇治市在住、会社員。週末限定で、リノベーションした自宅にて小さなヨガ教室をしております。あわただしく過ぎていく日々。「ちゃんと食べる＝ちゃんと生きる」家族のおいしい笑顔を支えに、毎日の台所しごと、ぼちぼち楽しんでいます！

家族構成

夫、自分、長男13歳、次男8歳

▶ 台所に関して、過去と今とで変化したこと

リノベーション前は、壁付けのキッチンでしたが、リノベ後、造作アイランドキッチンに。ダイニングテーブルで宿題をしたり、リビングでくつろいだりする家族を見ながら作業できるようになりました。声もかけやすくなり、キッチンがお家の中心に……。何かとみんなが集まる場所になりました。

▶ 今の台所についてもう少しこうしたいというところ

キッチン背面収納を見直して、リサイクルごみを一時保管できる専用の場所を作りたい。

▶ 台所仕事に関してこれからやりたいこと

アイロン作業などの家事スペースをキッチン近くに作ってみたいなぁと妄想中です。家事動線を見直していきたい。

Instagram
@kumy_yogini_t

▶ 2016年 01月 26日

食器はこれだけ

我が家の数少ない食器たち。出窓下の奥行き45センチほどの造り付け棚にぼちぼち並んでます。「これだけ?」よく言われます（笑）。そうそうこれだけしか置いてません♪　どうしても欲しいものはこれから。なんでもぼちぼちがちょうどいい。オープン収納にしたら、必然的に片付きます。扉をつけなくてよかった。出し入れ楽々です♪
　昨夜、思い立ってしまってキッチン背面棚を一段増やしました（笑）。可動式の棚はとてもありがたい。

▶ 2016年 02月 16日

お気に入りのパン焼き専用フライパン

朝ごはんによく使う、ポルトガルのフライパン。これを使ってガスで焼くとふんわりおいしい。ちょっと焼けるまでに時間がかかるけれど、のんびりな朝にはおすすめです。焼き模様が点々と水玉模様になるのもかわいいのです。

▶ 2016年 04月 19日

「smile♪」と一言声かけ

本日の男子弁。カリカリ梅入り昆布ごはん、ポテトサラダ、ミニトマト、オクラのお浸し、かぼちゃの炊いたん、ササミカツ、卵焼き、のり巻きちくわ。

毎朝、登校前の子どもたちに、「smile♪」と一言声かけの実践をしてます。笑顔ってスバラシイ。自分自身にも「smile♪」って、言ってみよう。

静かな静かなキッチンでの朝時間。私にとっては、とっても貴重な時間です。少ししたらみんな起きてきて、バタバタ時間になります。そんな時間も好きですけど（笑）。

▶ *mini column*　台所での毎日の時間割

05:30	お湯を沸かしてお白湯タイム お弁当＆朝食準備
06:30	家族で朝食
07:00	片付け＆子どもたちと自分の用意
08:00	家族を送り出す
08:20	出勤
13:00	お昼休み一時帰宅
15:00まで	夕食の下準備＆その他雑用
15:30	子どもを迎え、再度出勤
18:30	帰宅後夕食作り
19:00	家族みんなで食事
20:00までに片付け	

2016年 05月 08日

きゅうりを トントントントン刻む

きゅうりをトントントントン刻む、真剣な背中。母の日とかなんとか関係なく。ただただ愛おしい日曜日の昼下がり。

きゅうりを刻んで、じゃがいもを切って、家族みんなが大好きなアツアツホクホクのポテトサラダを頑張って作ってくれました。子どもの一生懸命な姿は、胸が熱くなりますね。肩のあたりもまだまだ華奢で、このまま……とも、早く大きくなぁれ……とも思う複雑な親心。作ってる途中でいなくなったのは……内緒ね（笑）。

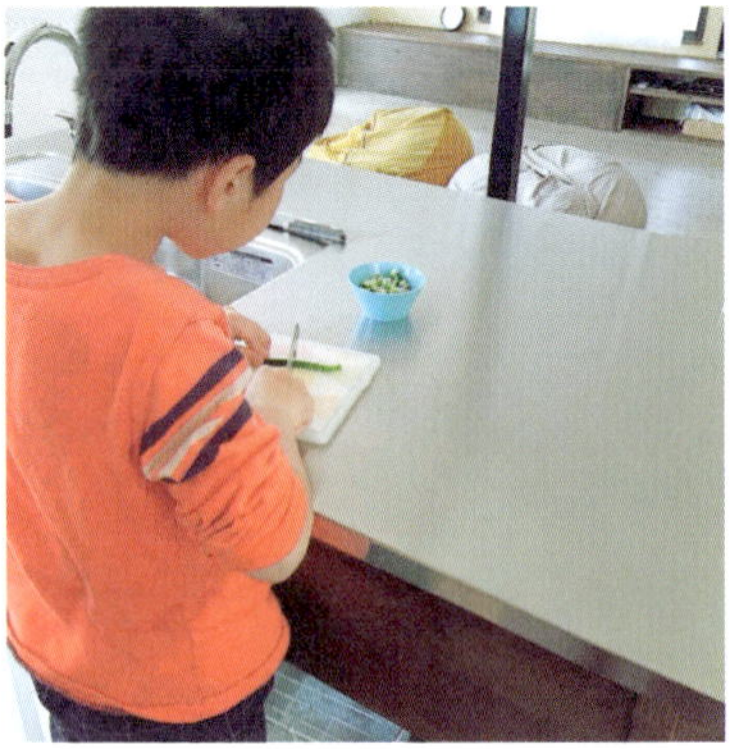

2016年 05月 12日

キッチン中心の おうちにしたくて

キッチンが中心のおうちにしたいとお願いして、大工さんに造っていただいたお家。

見せる収納にしてから、余計なものは持たなくなりました。物にそれぞれの居場所をつくることで、家族みんなで片付けられるようになりました！

2016年 05月 21日

おうちでゆったりヨガ教室

キッチン、ダイニング、リビングがひとつながりになった空間は、毎週末（土、日曜日）、小さなヨガ教室として、使用しています。皆さんと集い、語らい、笑い……そしてゆったり呼吸を整え、「シズカニスワル」時間。暮らすこと、生きること、そしてヨガ……。すべてがつながっている……と感じる日々。

2016年 06月 15日

本日の最後のお仕事

本日の最後のお仕事。コップなどの洗い物、明日のお茶作り、炊飯器タイマーセット。お部屋をさらっと整えてそろそろオヤスミナサイ。ちょっとしたことなんですけど、翌日に大きく影響しますもんね。でも、忙しいときは無理せずぼちぼち……。

2016年 06月 15日

キッチン背面棚ちょこっと整理

午後からお休み木曜日。やりたいこと、やるべきことをバランスよくチョットずつ。

キッチン背面棚をちょこっと整理しました。一番下には米びつ、食材ストックなど。かごにはお菓子がいっぱい（笑）。

mini column 朝家事、夜家事の工夫

長男のお弁当が始まったのがきっかけで、常備菜作りを日曜日の午後などにしています。常備菜があるだけで、心の余裕が全然違います。家族にお野菜をたくさん食べてほしいという思いで作っています。

朝夜ともにごはんのあとはささっと片付けタイムに突入！お気に入りの水切りかごを見つけたので、そこにガンガン洗って入れていきます。せっかちな性格ゆえ、ついでにその場でしっかり拭いて片付けてしまいます。

お気に入りの水切りかご。

20

わかこさん

wakako

特別なことはしていませんが家事が好きです。

築21年の賃貸ハイツでふたり暮らし。パートタイムで働く20代主婦。結婚2年目、和歌山在住。特別なことは何もしていませんが、家事が好き。「生活感はあるのにすっきりしている台所」が目標。別々の家で育った者同士が一緒に暮らして、それぞれの家のいいところを持ち寄って、“うち”の台所やごはんのルールが作られてゆくのを楽しみながら、暮らす毎日。

家族構成

夫・自分

▶ 台所に関して、過去と今とで変化したこと

応用や工夫をする楽しみを知ったこと。例えば、めんつゆやドレッシングが足りなくなったら、ネットや本で調べて、家にあるもので作ることができた。こういう工夫や発見が楽しいです。意外となんとかなることが多いです。

▶ 今の台所についてもう少しこうしたいというところ

カウンターキッチンやアイランドキッチンなどおしゃれなキッチンに憧れるのが本心ですが、今の台所には暮らしの実感があって、愛着があります。だから不満はありません。

▶ 台所仕事に関してこれからやりたいこと

料理のレパートリーを増やすこと。／夫から“わが家の味”認定を受け、わが家の味を増やすこと。／味だけでなく、食事の栄養についても勉強したい。

Instagram
@waka__ko

▶ 2016年 03月 18日

おしゃれなシンクじゃないけれど

おしゃれなシンクじゃないけれど、キッチンツールがきちんと並んでるのを見て「よし」、とひとりで納得。些細なことでも、ほんの少しのこだわりで毎日が楽しくなる。

▶ 2016年 03月 20日

穏やかな気持ちで

夜9時。主人から今から帰るの電話が入ったら、お気に入りのテーブルクロスをひいて、食事の支度を開始。

凝ったことをする日もあれば、思いっきり手抜きな日も。トータルでバランスよくなれば０Ｋ。無理をし過ぎると疲れてしまうから、楽しく料理ができません。穏やかな気持ちで作ったごはんのほうが絶対においしい。

▶ 2016年 03月 25日

いつもこの状態なら

ごはんの前、いつもテーブルの上がこの状態なら、どんなに楽か。テーブルの上に何もないだけで部屋が広く感じるし、部屋全体が整っている感じになる。ついつい、物を出しっぱなしにしてしまうので、気を付けよう。

▶ *mini column*　台所での毎日の時間割

07:00	朝食、お茶を沸かす
07:30	前日の夜に詰め終えている主人のお弁当と水筒をセットで置いておく
15:00	朝に沸かしておいたお茶を冷蔵庫で冷やす
15:15	おやつ
17:00	晩ごはんの準備 (ごはん・主菜・副菜2つ・汁物)
18:30	先にひとりで食事、片付け
19:30	主人のお弁当の準備 (お弁当箱は2個あるので遅く帰ってきても大丈夫)
21:00〜22:00	主人の分の食事を温め直し、盛り付け
22:30	後片付け。 シンクをサッと掃除して完了

2016年 03月 30日

瓶が並んでいるところが好き

食器棚の、かごに入った瓶。瓶が並んでいるのを見るのが好きです。瓶の中身はティーバッグや飴など。商品パッケージそのままより、瓶に入れ替えるだけで、すっきり見えるし、おしゃれになります。見た目、機能性ともに抜群です。

2016年 05月 01日

愛着たっぷりなキッチン

すっきりしたカウンターキッチンやアイランドキッチンに憧れるけど、これはこれでよし。古くさいけど、愛着たっぷりなこのキッチンが、家の中で一番好きです。

2016年 06月 16日

この状態がベスト

朝起きて、何も出てないこの状態がベスト。特に雨の日の朝は気分が違います。昨日の夜に片付けておいた、自分に感謝する瞬間です。反対に後回しにしていたときは、昨日の自分を責めます（笑）。

2016年 06月 20日

リネンのキッチンクロスが大好き

リネンのキッチンクロスが大好きです。これはネットショップの「北欧、暮らしの道具店」さんで購入した、ドイツのクラークト社のもの。すぐ乾くし、たくさん拭いてもびしょびしょにならないし、汚れても水洗いですぐ落ちるし、大判なので、お皿をくるんで拭きやすいことこの上ない。あと、繊維残りがないんです。これも使うようになってから、後片付けが楽しい。それぞれ誰にでも、必須アイテムのようなものがあって、それぞれにこだわりは違うんだろうなぁと思うと、ワクワクします。

2016年 06月 21日

なくても意外と何とかなる

実家では食器の洗い桶やキッチンマットがあるのが当たり前でしたが、今、それらがなくても困ることがありません。それらを掃除する手間が省けるので、楽かもしれません。物が少ないとお掃除がはかどります。なくても困らないもの、なくて困ったとしても意外となんとかなるものが多い。

mini column 朝家事、夜家事の工夫

夜は主人がどんなに遅く帰ってきても食器は洗って、拭いて、食器棚にしまう。シンク周りをサッと拭き、キッチンクロスや台ふきんを洗って干してきれいに片付けておく。朝一番にきちんと片付いている台所を見ると1日の始まりが気持ちいい。昨日の自分に感謝するひととき。

卵1個で厚焼き卵が作れる小さなフライパン。ひとり分のお弁当には本当に便利。

21

winedelunchさん

winedelunch

台所は私自身と言ってもいい場所。毎日のことだから工夫して楽しく。

鎌倉市在住。主婦（週2日ほどお仕事）、50代。家仕事のやり方や台所を見ればなんとなくその人の考え方やセンスが見えるように思っています。台所は私自身といってもいい場所かもしれません。好きな道具に囲まれていかにテンション上げて毎日楽しく取り組めるかを考えたり、効率よく動ける動線を常に意識して工夫してみたり。食に関しても、毎日のことだからこそ、限られた予算の中で、栄養のバランスを考えます。普段のなんでもない献立だけれど食べて満足、目にも楽しく、を心がけています。

家族構成
両親、夫、自分、娘

▶ 台所に関して、過去と今とで変化したこと

台所インテリアは、和の雰囲気を好むようになりました。／台所仕事は、常に「次」を意識するようになりました。

▶ 今の台所についてもう少しこうしたいというところ

洗濯機を台所に設置したい。

▶ 台所仕事に関してこれからやりたいこと

頑張り過ぎず、台所道具も食器類も本当に必要なもの、シンプルなものを厳選して大事に長く使っていこうと思います。

Instagram
@winedelunch

▶ 2015年 12月 21日

そろそろ夕飯の支度

4時半になると決まって流れる「夕焼け小焼け」。これが流れるとそろそろ夕飯準備しなきゃ、と焦る……そんな冬の夕暮れ。特に冬場は時間の進みが早く感じられる。

夕暮れの台所って、なんとなくいい感じ。ここからの眺めが好き。好きな台所道具を並べて、台所仕事、テンション上げねば。みかんもたっぷり補充したし、竹かごにはおせんべい（笑）。

2016年 02月 29日

気分の乗らない日は床磨き

気分の乗らない月曜日。そんな日はせっせと床磨き。キュキュッと磨き上げられた様を見て気持ちも少しスッキリと。ブラインドを開ければ、ふんわりとやさしげに太陽も顔を出してきた。
　インテリアを意識して、なんか良さげと買った消火器、夫には通じず、消火器は赤でいいんだ！と言われたけれど（笑）。

2016年 03月 07日

暮らしの中に「好き」がある

いつものぞく竹細工の店。置いてあるものは普通の竹細工の店並みに豊富なのに、値段がビックリするほど安い。この日も偶然通りかかったら、目に入ったこのかごが寂しそうにぶら下がっていたのでまた手を出してしまった。暮らしの中に「好き」があるということは、なんて気持ちのいいものだろう。

mini column　台所での毎日の時間割

05:00	起床、自分のために丁寧に緑茶を煎れてお弁当、朝食準備
06:30	お風呂掃除
07:30	両親の朝食準備
09:30	掃除、洗濯
11:00	買い物
12:30	昼食
17:30	夕飯準備
22:30〜23:00	就寝

2016年 03月 10日

最後のお弁当。

娘のための最後のお弁当。今まで「お弁当にあんなの入れる?」なんて文句やダメだしはあっても褒め言葉など何ひとつなかったけれど、昨日の夕飯時に「いつも友達に○○のお弁当はおいしそう、と言われ、自慢だった」とポツリと言ってくれた。……進学したら学食も行ってみたいらしい。週明けはいよいよ卒業式です。

2016年 05月 02日

1杯だけいただきながら

この時期は、庭の新緑を眺めながら夕飯の支度ができるから、台所に立つのも楽しくなる。ついでに1杯だけワインをいただきながら好きな音楽を流せばひとり楽しくノリノリな気分。この時間はやっぱり南国気分でボサノバ、そしてＪＡＺＺへ♪

2016年 05月 12日

「好き」を並べて

空一面に晴れ渡り、さわやかな朝。気持ちも明るく、何かいいことありそうな夏の陽射し。

「好き」を並べたら、こんなふうに落ち着きました。使い勝手を考えてはちょこちょこ移動させて。この後リビングの模様替えをして、さらにいい気分。

2016年 06月 16日

残り物には福がある

プリンカップが足りなくなって、最後の1個はドドーンと代用の大きなカップに。もちろん私がいただきます。バタバタだった1週間。甘い物を補給してまた頑張りますか。

2016年 06月 18日

台所道具を新調した日は

台所道具を新調した日はことさら台所に立つのが楽しくなる。おろすのは朝食からと決めていた。ゴムの木加工のまな板は、適度な厚みがあって自立する安定感。新しいと木の張りも違うのかトントンの音も違います。削り削り大事に使おう。

いつの頃もやっぱり新しいものをおろすときはなんだか心躍りますね。

mini column 朝家事、夜家事の工夫

仕事のある日は同時進行で朝食準備をしながら洗濯したり後片付けをしながらついでにシンク周りを掃除したりキッチンの床拭きをしています。

夜は夕飯の準備をしながら翌日のお弁当のプラス1品を作るなど。

翌朝気持ちよくスタートができるように、後片付けのときについでにガス台を拭くなどちゃちゃっと掃除をしています。

月曜日は水回りを特に念入りに。毎日気持ちよく過ごすためのルール。

22

陽子さん

yoko

子育てが終わり家事を趣味のように楽しんでいます。

愛知県在住、47歳。台所は家で一番好きな場所。シンプルで機能的にしていたい。子育てが終わり、心と時間に余裕ができたせいか、家事も趣味のように楽しんでいる。食に関しては、できるだけ質のいい調味料や材料を選ぶようになってから、素材を生かして、シンプルに調理したものがおいしいと思うようになった。

▶ 台所に関して、過去と今とで変化したこと

ものの「居場所」を決めたら、散らからなくなった。今はもう、使ったら戻さないと気が済まない。

▶ 今の台所についてもう少しこうしたいというところ

シンクの下、コンロの下の収納が、いまひとつしっくり来ていないので、ゆっくりと見直したい。

▶ 台所仕事に関してこれからやりたいこと

パン作りに使用する酵母を育てる楽しさを知ってから、その他の発酵食品や保存食にも興味が出てきた。時間のかかるものを、丁寧に作ってみたいと思っている。

Instagram
@45kitchen

▶ 2016年 05月 14日

キッチンの背面収納

キッチンの背面収納。先日、無印のステンレスユニットシェルフを設置。まだ収まりきっていない、調味料やストックの食材、普段使いのグラスなどはどうしようと考えたあげく、引き出し式のワイヤーバスケットを買い足すことにしました。さてこの中身が見える感じが、吉と出るか凶と出るか。今、ちょっと調味料の保存瓶を入れてみたの図。これにより、必然的にシンク側の収納も見直すことになる。終わらなーい。

2016年 05月 15日

スパイスはガラス瓶に入れる

主にスパイス類は、100円ショップ「セリア」のガラス瓶に。すべてこの瓶に入れて、少しずつ数を増やしながら長く愛用しています。同じくセリアで売っているステンレストレイに、あつらえたように6個ぴったり収まる！　瓶が四角いのでいろんなところに収まりがよく、この用途なら密閉性も問題なし。

2016年 05月 15日

質のよいものとリーズナブルなものを使い分け

上段ワイヤーバスケットの中身。調味料を入れてる瓶とカトラリーのかごも、セリアのものです。このかごはおしゃれな雑貨屋さんでよく売っている、北欧風の800円ぐらいのものと比べても、なんら遜色ない！　少し高価だけど質のよいものと、リーズナブルだけどそれでもかまわないものと、うまく使い分け。

2016年 05月 29日

お天気がよくて気持ちのいい朝

お天気がよくて気持ちのいい朝。こんな日は、台所仕事がはかどります。

ストウブのお鍋や柳宗理のケトル、野田琺瑯《ほうろう》の保存容器は、どれも長い主婦生活で生き残ってきた愛用品。使いやすいのはもちろん、見た目も大事。だけど、最終的には、お手入れのしやすいものが生き残っている気がします。

2016年 06月 01日

ワイヤーバスケットは便利

ワイヤーバスケット2段目。普段使いのグラスやカップなど頻繁に使うものを、今のところ、とりあえず入れています。このバスケット、意外に奥向きも深さもあるので、すごく使いやすいです。

2016年 06月 09日

ワイヤーレターラックにコーヒーフィルターを入れています

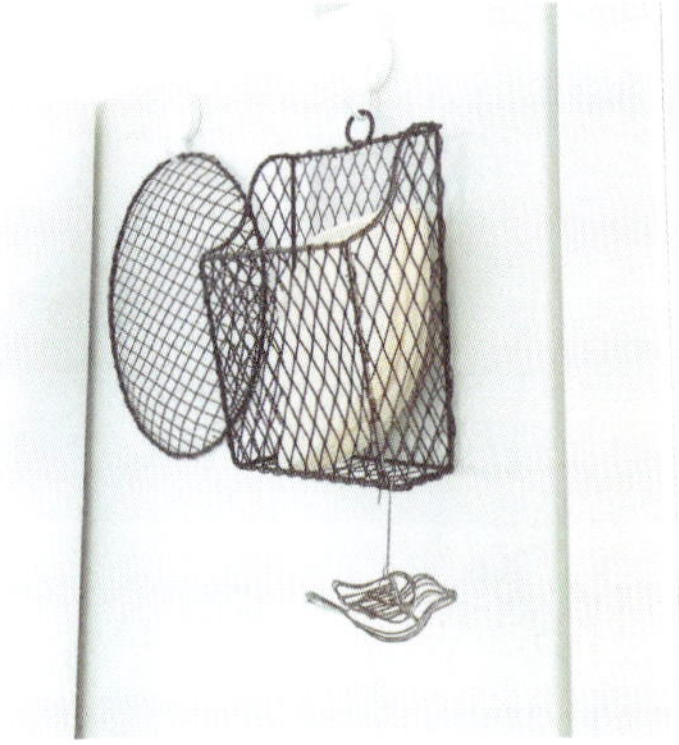

冷蔵庫の側面。食器ブランド「スタジオエム」と並び、「fog linen work」も大好き。fogのワイヤーのレターラックに、コーヒーフィルターを入れて使っています。

2016年 06月 10日

扉つきの作り付けの収納棚

冷蔵庫の横にある、扉つきの作り付けの収納棚、奥行きが50㎝もあるので、普通に使うと使いにくいです。なので、下段は棚をすべて外し、無印の引き出しをぴったりになるように計算して入れました。するとあら不思議。その奥行きがプラスに。収納力抜群です。

パンやお菓子作りが好き。キッチン用品も大好きなので、捨てられない道具がたくさんありますが、ここにほぼ収まりました。

2016年 06月 20日

ほうろう容器にごみを

ほうろう容器には、金属ごみと埋めるごみを入れています。大きいほうは、たまに「足湯」にも使います（笑）。中に、市で決められたごみ出し用の袋をそれぞれ入れて使っているので、きれいに使えてます。捨てるときは、袋を縛ってそのままポイッ！

2016年 06月 22日

丈夫なグラス

グラスは、なんだかんだ言っても、「デュラレックス」の「ピカルディー」が使いやすいな〜と思う。落としても転がしても（↑どんな使い方!?）家では、まだ1個も割れたことがない。たまに違うグラスが使いたくなるけど、やっぱりこれに戻る。かごに入ってるのも、大・中・小、全部ピカルディー。でもこんなにはいらないな。少し断捨離しようかな？

2016年 08月 04日

朱塗りの器が気になる

最近、朱塗りの器がとっても気になる。家のは全然高級なものではないのですが、ほうれん草のおひたしですら、ご馳走に見える気がする。家のこの朱塗りの器、ちゃんと本物の漆器ですが、B級品でしょうか？ 1個1000円ぐらいで買えました。普段使いにもってこいです。

23

ryokoさん

ryoko

フルタイム勤務なので家事は分担し、効率的に習慣化して取り組んでいます。

福岡市在住。夫婦＋子どもふたり（10歳&7歳の食いしん坊男子たち）の4人家族。家仕事や身の回りをすっきりと整えることが好きです。フルタイム勤務のため家事にゆっくり時間を割けない毎日ですが、家族が快適に暮らせるようルーティン化して効率的に取り組んでいます。家族で分担協力して家事を済ませ、みんなでだんらんの時間をゆったり楽しむ、それが我が家のモットーです。

家族構成

夫、自分、長男10歳、次男7歳

▶ 台所に関して、過去と今とで変化したこと

子どもが生まれてから台所は、家族の健康的な暮らしのベースを作る大切な場所になりました。子どもたちには食物アレルギーがあるので、作り置きをしたり、前夜に「ごはん貯金」を仕込んだりと工夫しています。また、フルタイム勤務に変わってからは、自分だけが使いやすい台所から、家族で使いやすい場所に変えました。

▶ 今の台所についてもう少しこうしたいというところ

吊り戸棚があるためにキッチンに閉そく感があるのが嫌です。なので、リノベを計画しています。／パントリーがあったら、調理器具を片付けて背面棚の上がもっとスッキリするのになぁと思います。

▶ 台所仕事に関してこれからやりたいこと

今でも少しずつ子どもたちに料理をさせていますが、今後はもっと任せていきたいと思っています。

➡ Instagram
@ryoko1125

➡ 「lifelabonote」
http://lifelabonote.blog.jp/

▶ 2016年 01月 03日

朝の台所しごとの流れ

食後は食器を洗って、拭いて、食器棚に片付け（裏が乾きにくいものは、しっかり乾くまでまたかごに戻して）。コンロや調理台、トースターや電子レンジ、カウンターやテーブル……と、使ったものを水拭き。最後にシンクと洗いかごを洗って水気を切って、洗ったふきんをヘリに干す。（見えにくいですが、洗いかごに下げているスポンジがシンク洗い用です）。

ここまでが毎朝のキッチン周りの家仕事の流れ。

元旦に食器スポンジを新しいものに取り替えました。今回は気になっていた「亀の子スポンジ」に。これ、すごーくいいです!! 今年はこれでいきたいと思います。

2016年 04月 01日

大活躍してくれた長男

今週から夫が指の骨折手術のため再入院。手術は無事終わったのですが、忙しさから私も風邪をこじらせダウンしてました。そんな中大活躍してくれたのが長男。朝ごはん用意、食器洗い&拭き、お米研ぎ、買い物、お風呂掃除、洗濯物干し&たたみ……。「今日はオレがお母さんね！」と、何から何までやってくれました。その上「オレ、お弁当も自分で作るわ！」と、まん丸おにぎりまで……。ちゃーんと包んで持って行きました。

いつの間にか成長したなぁと、じーん。親が頼りないと子どもはしっかりするって本当ですね。そんな長男、夫も退院し私も復活した今夜は、ただの子どもに戻って（笑）、次男と必死にクレヨンしんちゃんを見ています。今夜はのんびりしておくれ！ 写真は長男の席からの眺めです。

2016年 05月 27日

和食好きな子どもたち

本日も長男は5時半起き。野球のひとり朝練、続いています。真似っこ次男も早くから起き出して、朝ごはんまで塗り絵やお絵描きをしていました。

朝活盛んな子どもたちなので、朝ごはんもモリモリと……。たいてい、前夜の取り置きおかずと常備菜＋ごはん&おみそ汁の献立。さらに納豆やバナナを食べることも……という感じです。もちろん、ごはんはおかわりもして。

mini column 台所での毎日の時間割

06:30	空気の入れ替え、花の水替え、お弁当作り、水筒用意 朝食作り、コーヒーを淹れる
07:30	朝食の後片付け
17:35	帰宅後、キッチンでコーヒーを飲んだりして少し休憩。(子どもたちと会話)
18:00	夕飯作り開始
18:30	お風呂
19:00	夕飯仕上げ
19:20	夕食
19:40	夕食の後片付け、拭いた食器類の片付け、コンロ・シンク・調理台の拭き掃除、食器を洗う 夫の横で「ごはん貯金」作り
20:20	台所床の水拭き。夫がごみ捨て。 台所のオールリセット完了

▶ 2016年 06月 04日

棚の中の空気の入れ替えをします

　月に1度などと頻度は決めてはいないですが、家中の家具やクローゼットの扉をすべて開けてそのまま一晩……というのを気が向いた時にやってます。なんだか棚の中やクローゼットの中の空気もしっかり入れ替えたい！　と思うサイクルが定期的にくるので。

　で。それをした翌朝は、アナウンスしておくか私が一番に起きないと家族を驚かせてしまうことになるのですが、どちらもできなかった今朝……。相変わらず早起き一番乗りの長男は1階に下りて大層怖い思いをしたそう。すべての扉や引き出しが開けられた光景を見て〝すわ！　ドロボーか〟と固まったらしく「もう絶対泥棒が入ったと思ったー！　なによ、これー!!」と、ちょっと怒ってました。確かにびっくりさせたと思う……ごめん。

▶ 2016年 06月 06日

親子3人弁当

　今日は、代休により親子弁当。長男はお友達とその親御さんにお世話になりお出かけ。次男は学童保育。私はお仕事。それぞれの場所で過ごす1日。

　同じくらいの時間に同じものを食べると、同じ味を知ることができるので、冷めてもおいしかった……とか、もう少し味を濃くしたらよかったかな……とかが、よくわかっていいです。

▶ 2016年 06月 09日

腹ペコ怪獣が帰ってくるまでに

　ただいま18時半になろうとしているのに家には私ひとりです。夕飯の支度に精を出さなきゃいけない時間とわかっているけど……子どもたち不在でこんなに静かだとついついゆっくりと過ごしてしまう（笑）。うるさい腹ペコ怪獣が帰ってくるまでに動かねば！

　子どもたちがいてくれるから、まともな生活を送れているんだな、きっと……とよく思います。夫婦だけなら、絶対もっと時間にいい加減で適当な暮らしをしているだろう私。自由気ままな大人時間での生活はステキで憧れるけれど、私はただのだらしない人になるタイプです……。

▶ 2016年 07月 11日

〝無理しないこと〟を行動指針に

常備菜がないときや、おかずをあれこれ作る気になれないときは、おにぎりのみ……とかおにぎりと卵焼きのみ……、など無理しないお弁当を持参しています。ルーティン化して日々の家事に取り組むのを好んでますが、決めたからにはしなければ……！　では息苦しくてストレスになるので、〝ごきげんでいられること〟〝無理しないこと〟を行動指針に。とはいえ、頑張りどころと無理しないどころのボーダー設定が難しいですね。自分に甘くって、どこまでもゆるくできてしまう。

　無理はいやだけど、怠け者もいや。無理はせず、だけど、目先の楽ばかりではなく、ちょっと頑張れた嬉しさも大切に……。そう暮らしていきたいなぁ。

▶ 2016年 07月 13日

小さな器はトレイにまとめて

我が家のキッチン、背面収納は無印良品の棚で、オープンスペースには毎日頻繁に使う器を収めています。先日、このオープンスペースの中に置いて、細々した器をまとめているトレイを新調しました。

　ほぼ毎食時に使う家族のお茶碗と汁椀。奥には小皿を。取り出すときはトレイごと引けば、奥のものにも楽らく手が届きます。細々した器をこうしてトレイにまとめると、毎週末に行っている食器棚の拭き掃除のときも、作業がスムーズにでき便利です。出しやすく、しまいやすい。そして、キレイもキープしやすい。このトレイのおかげで一石三鳥なのです。

▶ *mini column*　朝家事、夜家事の工夫

自分ひとりで抱え込まず、できる限り家族みんなで分担し、協力して動くようにしています。私がおかずを作り盛りつけている間に、夫がごはんをよそう、長男がコップとお茶を運ぶ、次男がお箸とお箸置きをセットする……など。また、片付けも、夫が食器を洗い、子どもたちが拭き、私がコンロ周りを掃除する……など、みんなで台所に立ち分担することで、短時間で夜家事を終わらせて、食後寝るまでの間に家族で遊ぶ時間を取ることができます。家事をしている間も会話が弾み、コミュニケーション時間になってくれるので一石二鳥だと思っています。

リビングで卓球を楽しんでいます。

24

鍵野めぐみさん

Megumi Kagino

福岡県、マンション3LDK、雑貨店勤務、40代、子どものアレルギーをきっかけにマクロビオティックを「organicbase」と「クシ（現ビオクラスタイル クッキングスクール）」で学ぶ。季節に合わせた自然食を心がけています。シンプルの中にもあたたかみのあるインテリアを目指しています。

家族構成

夫、自分、長男12歳、次男10歳

▶ 台所に関して、過去と今とで変化したこと

以前は家事は、まとめてすることが多かったのですが、いまのマンションへの引っ越しを機に、その都度簡単に掃除にすることで、きれいをキープできるようになりました。

▶ 今の台所についてもう少しこうしたいというところ

食洗機、ガスオーブンを設置したことによって、システムキッチンの収納が減ってしまったことが少し不満です。限られた場所に収納するために、かなり断捨離しました。

▶ 台所仕事に関してこれからやりたいこと

人からは見えない引き出しの中も、必要なもの、そうでないものを見極めて整理整頓していきたいと思っています。／掃除も、ためずに都度ささっと掃除の積み重ねで、大掃除は必要ないようにしたいと思っています。

シンプルな中にもあたたかみのあるインテリアを目指しています。

Instagram
@brooch.m

▶ 2015年 07月 31日

かごにはお菓子道具を入れています

冷蔵庫上のかごには、クッキー型やシフォン型など、お菓子道具を収納。野田琺瑯《ほうろう》の保存容器は、干ししいたけ（大分県産のどんこ干ししいたけを実家から大量にもらえる）入れにしてます。引き出し上段は、最近出番の少ないお弁当ピック、キャラ弁道具など。下段は、雑穀、塩、海藻などを収納。「いつか使うかも」がものを捨てられなくしているのは、わかっているのだけど。お弁当グッズを今から断捨離しようかな…。

冷蔵庫は、GEというブランドです。10年くらい前の限定モデルだったと思います。

▶ 2015年 08月 25日

パッケージのごちゃつきがない冷蔵庫

前から気になっていた、冷蔵庫ドアポケットなどの見直しを。だいぶ白っぽくなってきた！　番茶は、「月兎印」ポットに入れて冷蔵庫へ。子どもたちは、冷たいのが好きだから。私はホット。野田琺瑯の、深さのあるぬか漬け容器に、ふりかけ、ローリエなど使いかけのものをまとめてます。冷蔵庫を開けたときにパッケージのごちゃつきがなくてすっきり。保存用のものと別に収納用で買い足したい。ペットボトルのラベルは、ごみ出しのときに外さないといけないので、冷蔵庫に入れる前に外してます。マヨネーズとケチャップは、100均で立たせて収納できるものを発見！　これだと最後まできれいに使えるはず。開けるたびに嬉しくなります。

▶ 2015年 10月 27日

見えないところもきれいにしたい作戦

見えないところも、きれいにしたい作戦。無印良品とダイソーのケースを使って収納1。真ん中の正方形のケースは、つまようじを。

2の引き出しには、小さい道具を収納。前は、重なってしまって探しにくかったので、無印の文房具ケースを使って道具の種類ごとに仕切りを。整理整頓をして作業がはかどるようになるのは気持ちいいです。

1

2

▶ *mini column*　台所での毎日の時間割

06:00	玄米を土鍋で炊く、食洗機の食器を片付ける、お湯を沸かす
06:30	朝食準備開始、自分の昼ごはんのおにぎり準備
07:20	食器片付け（夕飯の玄米を研ぐ＆浸水、みそ汁用昆布としいたけだしの準備）シンク内掃除
17:00	朝の食洗機食器片付け、夕飯準備開始
19:00	夕食
20:30	夕食片付け、翌朝分の米研ぎ、だしの準備、シンク内掃除

▶ 2015年 10月 29日

見えないところもきれいにしたい作戦の続き

　一番よく使う、一番容量のある引き出し。無印のブックスタンド（かなり幅が狭い）ワッフル器や小さめのフライパンを。100均のスタンドにはフライパンやふたを。ラップケースも無印で。アルミホイルを入れようかと追加したのだけど、は、入らんっ……。ラップみたいに小さいサイズのアルミホイルってなかったっけ（涙）。野田琺瑯《ほうろう》のバットも立てて収納。……やっぱり白が好きなんだな……こうやって同じ色を集めて収納すると落ち着くなー。

▶ 2015年 11月 05日

IKEAのチェストを組み立てました

　先日IKEAでお買い物。白いチェストです。我が家の収納家具は、IKEA率高いです。お値段も助かります。ただ、組み立てが……家中のIKEAは、ほぼあたくしひとりで組み立てたんですー（誰かに褒めてほしい。笑）。例に漏れず、こちらのチェストも、えんやこら、えんやこら……なにせ、レールが付いてるパターンは、面倒くさいのです。諦めかけては、おやつを口に頬ばり、気を取り直すこと3時間。長かった……。

　我が家には、電気ポット、電子レンジ、トースターはありません。甘酒を作るために炊飯器はあるけど、普段は収納して出してません。今回からフードプロセッサー、精米機などは引き出しや棚の中に収納しました。家電がない分スッキリしてるかなと思います。

▶ 2015年 11月 19日

1日の終わりには

　1日の終わりには、排水口のバスケットとふたを食洗機へ。毎日洗ってるから食器と同じ扱いです。シンクと蛇口は、から拭き。水あかが付きません。野田琺瑯《ほうろう》たらいで台ふきんを漂白。リネンエプロンに醤油を付けてしまいこちらも漂白。朝ごはんの玄米を研いでスタンバイ。寝る前に水に浸しておきます。みそ汁用にだし昆布をお鍋にぽんと入れて終了。今日もお疲れさまでした。

2016年 06月 07日

バットをきれいに洗う日

仕事が休みの日は、食洗機洗剤、ハイター（薬瓶に移し替えてます）、ハンドソープ、液体食器洗剤（無印良品ポンプ）を載せた野田琺瑯《ほうろう》のバットを洗う日にしてます。

先日、お友達に編んでもらったアクリルたわしをセットして完了！　自分でもアクリルたわしが編めるようになって、ひとり時間にお茶でも飲みながらゆったり編み物……そんな自分に酔いしれてみたい（笑）。

2016年 07月 17日

キッチン祭りをしました

キッチン祭りじゃー!!と昨夜からゴソゴソ模様替え。引き出しの中に収納していた、雑穀、豆類などの瓶やケースを表に出しました。大好きな道具がギュッと集まった様子は、見ていて幸せな気分になります。さて、今日、明日は仕事です。このテンションのまま頑張るとしますか～。

mini column　朝家事、夜家事の工夫

時間のかかるものを先にセットして、その間にほかのことを並行しながら作業しています。例えば、玄米を炊くのに20分かかるので、最初に土鍋を火にかけて、その間にみそ汁のだしを火にかけて、その間に具材をカットします。

シンク内の排水口のステンレスふたは外しています（生ごみが見えたほうが、掃除意欲が高まるので）。朝と夜2回食器と同じように排水口かごも食洗機で洗います。排水口の中も同様に朝と夜2回掃除します。シンク内と蛇口は、使用後水分を必ず拭き取ります。

毎日掃除しているので全くぬめりはありません。

25

hanaemiさん

hanaemi

36歳1児の母。山と田んぼに囲まれた富山の土地で四季の変化を肌で感じながら暮らしています。大好きな場所は魚が泳ぐダイニング。夫の趣味も私の趣味も全部ここに詰まっています。こつこつ集めた道具を眺め、食べて、飲んで、笑いあう。元気の源、それがわが家のダイニング!!

コーヒーが家族をつなぐアイテムです。

家族構成
夫、自分、娘3歳

▶ 台所に関して、過去と今とで変化したこと
隠す収納を増やすことで、見せたいものが強調され心地よい空間を演出できるようになったと思います。

▶ 今の台所についてもう少しこうしたいというところ
作ったお菓子を飾る器を見つけたい。

▶ 台所仕事に関してこれからやりたいこと
日本で古くから使われている台所用品を生活に取り入れながら、娘と共に日本の食文化について学んでみたいと思っています。

Instagram
@keicoya

▶ 2016年 02月 17日

グラスを拭き上げました

前から実は気になっていたグラスのくもり。昨晩ようやく丁寧に拭き上げました。「イッタラ」の「カルティオタンブラー」。色も形も好み。おまけに頑丈。頼れる奴。普段使いにもってこい！ 久しぶりにじっくり見ると、小さな傷とか増えていたな〜。ちょっと雑に扱い過ぎかな。娘が生まれる前の共働き時代に集めた北欧食器。また社会に出たら、今度は和食器を集めたい・・・なんて夢見ています。

2016年 02月 24日

大事なコーヒーミル

昨日焼いたバナナのパウンドケーキ。今朝食べました。ムスメは食べなかったけど、旦那は食べられたみたい。よかった、よかった。

夫が友人から譲り受けたコーヒーミル。このミルがキッカケで暮らしにコーヒーが加わりました。

慌ただしい毎日、せっかちな私は次にしなければならないことばかり考えていつも気持ちは焦っています。初めは面倒だと思っていたハンドドリップですが、繰り返すうちに手間と時間をかけてコーヒーを淹れる動作が焦る気持ちを落ち着かせる手段となりました。電動ミルに出番は奪われてしまっているけど、ずっと手元に置いておきたい道具。たまにはゴリゴリ回してあげないとな～。

2016年 03月 10日

我が家のコーヒースペース

ダイニングテーブルの後ろにあるカウンターの上に、夫がせっせと集めてくれている物を並べています。家のなかで一番好きな場所が、ダイニングのこのスペース。食いしん坊な私が一番落ち着く場所。キッチンが一番好きな場所になる日は来るのでしょうか？

自分で淹れるコーヒーよりも、人に淹れてもらったコーヒーは格別おいしいと思いませんか？ 我が家ではときどき、コーヒーを淹れる人を決めるためにジャンケンをします。ジャンケン大好きな3歳の娘も加わり3人で勝負！ 私たちにとって、コーヒーの時間はとっても幸せなひとときです。これからもずっとコーヒーが家族を繋ぐアイテムのひとつとして活躍してくれるといいな。

mini column 台所での毎日の時間割

07:00	朝食用意
07:40	食器片付け
18:15	夕食準備
22:00	夕食片付け、お茶作る

家電の寿命は10年程とよく聞きます。我が家の家電はもうすぐ8年目に入るものがほとんど。次はシルバーの冷蔵庫かな～。

2016年 03月 16日

便利なマグカップ用のふた

焼き菓子を作るようになってから、保存方法を模索中です。納得するものを見つけるまでは、家にあるもので……、ということでシックリきたのが「ターフーミリ85」。イッタラ、ティーマのマグカップ用のふたです。

クッキーや細長いクラッカーには寸胴のマグカップよりも背の高いグラスがぴったり。カウンターに出しっぱなしにしていても見苦しくないのでしばらくはこの方法で保存しようと思います。お菓子を焼いて、器を選んで写真を撮る。ホッとできる貴重な時間です。

2016年 03月 29日

キッチンは セミオープンタイプ

細々した物の整頓が得意ではないので、キッチンはセミオープンタイプです。吊り戸棚は上下2段で下段の半分が水切りかごになっています。この戸棚は電動で昇降するので来客時には一番上まで上げて中身は何も見えない状態に！

オープンキッチンに憧れていましたが、毎日使う場所。きれいに保つことを優先してこのスタイルを選択しました。おかげでキッチン周りが散乱せず、お気に入りのダイニングに視線が向く効果も。このスタイルを提案して譲らなかった夫に感謝です。

2016年 04月 15日

コーヒー道具

コーヒーから出る「渋み」や「えぐみ」の抽出を最小限に抑える「KONO式」でコーヒーを淹れています。必要なものはKONOのドリッパー、フィルター、注ぎ口の細いドリップポットとビーカー。そのほかの使わない道具は、スチールラックに並べて収納しています。

焼いたお菓子をカウンターに置いてコーヒーを淹れます。おやつの時間は、リビングの水槽の魚か、メタリックに輝くコーヒー道具を眺めてひと息入れています。

2016年 04月 20日

グリーンのある暮らし

以前暮らしていた家は日当たりが悪く、昼でも電気を点けていました。その頃からグリーンのある暮らしに憧れ、念願叶って「フランスゴムの木」をお迎えしました。うねった幹に濃い緑色の葉がバランスよく無数に茂るフォルムに一目惚れ。

最近、カイガラムシの害が発覚して心配していたけれど新芽が出てきているのでひとまず安心。新芽が出たり、花や実をつけたり。植物の生命力を感じながらの生活は楽しいですね。

2016年 04月 20日

朝はコーヒーメーカーに頼りっぱなし

寒い時期に大活躍したのがコーヒーメーカー。早起きが苦手なのでどうしても朝はこれに頼りっぱなしです。好みの濃度・量を選択できボタンを押せば抽出される手軽さは、出先でコンビニのドリップコーヒーを買うような感覚でとても便利。

そしてラテアートにも夫婦で挑戦しました。写真に残す価値もない散々な結果のものばかり。来冬こそは！と今から意気込んでいますが……。インスタグラムでラテアートのハッシュタグをつける日は来るのでしょうか!?

2016年 06月 05日

お気に入りの道具を飾って

キッチンとは別にダイニングテーブルの後ろに2・5mの食器棚があります。グラス・マグカップ・カトラリー・食品ストック・調理家電などを収納しています。食事中に出し忘れがあっても席を立つ必要がありません。「ふりかけ」や「薬」をしまっておくのも便利です。かゆいところに手が届く働きをしてくれて重宝しています。

食器棚の上部をコーヒーカウンターとして使い、ウォールシェルはお気に入りの道具を飾って楽しんでいます。写真はストウブのお鍋が主役のブラックエリア。今朝は強く差し込む光に照らされて凛とした佇まいが素敵でした。

26

ちえさん

chie

リノベーションしたキッチンで小さなストレスが解消されました。

千葉県在住、30代会社員。2015年7月に、リノベーションしたマンションへ引っ越しました。平日、息子と過ごすわずかな時間を共有できるよう、オープンキッチンに。

家族構成

自分、長男10歳

▶ 台所に関して、過去と今とで変化したこと

以前の住まいはリビングとダイニングキッチンが離れていたり、調理スペースが狭くて使い勝手が悪かったのですが、リノベーションの際には、出勤前のわずかな時間や、帰宅後の夕飯準備が快適になるよう、調理スペースに余裕のあるキッチンを導入。背面カウンターは配膳や器などの一時置きスペースを兼ねているため、調理器具やお皿など一気にばーっと広げて作業ができるようになりました。また、横幅75cmのガス台を導入することで、3口コンロの同時使用でもお鍋やフライパンなどがぶつかり合わなくなり、小さなストレスが解消されるキッチンとなりました。

▶ 今の台所についてもう少しこうしたいというところ

キッチン背面に造作した、オープン収納をうまく使いこなせていません。見た目もすっきり快適な食器収納に変化させたい！

▶ 台所仕事に関してこれからやりたいこと

同じく造作カウンターの上部（壁）に飾り棚を設置して、見せる収納をより充実させたい！

Instagram
@__chii__stagram

▶ 2016年 03月 27日

洗濯物を窓辺に干して

ルンバの動線確保のため椅子をテーブルにあげたら出勤です。床にものを置いているとルンバが巻き込んだり、ぶつかったりするので、必然的に毎日床の上はすっきりするのです。日々、びっくりする量のホコリを捕獲してくれます。

2016年 05月 05日

深夜の台所からオヤスミナサイ

深夜の台所からオヤスミナサイ。家造りあるあるですが、今さらながら台所の背面壁に、飾り棚を付ければよかったなーと激しく後悔しています。建築士さんに何度か確認されたけど、いろいろ考えることが多くって疲れてしまい、造作しなかったので自業自得。1年前の私に教えてやりたい。

2016年 06月 06日

朝晩の麦茶沸かし

飲み物と言えば麦茶。一年を通して麦茶ばかり飲んでいます。野田琺瑯《ほうろう》のポットは麦茶専用です。

イマドキのガス台では普通なのかもしれないけれど、温度設定やタイマーが付いているのって、なかなか便利だなぁーと思います。

ちなみに、麦茶は「小川産業」が子どもの頃からの定番です。

mini column　台所での毎日の時間割

06:30	麦茶を沸かす 食洗機の食器を片付ける
06:40	朝食の準備
06:50	夕飯の汁物を作る (ときどきおかずも)
07:55	夕飯のごはんを研いで 炊飯器をセット
08:00	朝食の洗い物をする
08:05	冷ました麦茶を ガラスポットへ注ぎ冷蔵庫へ
08:10	シンクをサーっと簡単に 掃除をして出勤

2016年 06月 06日

鉄フライパンでハンバーグ。

近所のお肉屋さんで、和牛100%のハンバーグを買いました。最近購入した、日本橋「木屋」の鉄フライパンでじっくり焼いたらすごくおいしい！　今まで同じハンバーグをテフロン加工のフライパンで焼いていたけれど、仕上がりが全然違います。

お肉のうまみが閉じ込められ、肉汁がじゅわ〜っと飛び出してきます。

2016年 06月 24日

掃除せざるを得ない ステンレスキッチン

わかっていたけれど、ステンレスキッチンは手あか、水あかがあ目立ちます。ヘアライン仕上げのステンレスは、傷や汚れの手入れが大変なので、気になる方にはイマイチかも……。

私は大ざっぱなので丁寧なメンテナンスはしていないけれど、数週間に一度クリーナーで拭き上げたときのピカピカは、気持ちが良いものです。

2016年 06月 30日

写真を撮ることでモノを しまうキッカケになる

何だかよくわからないうちに、6月が終わりました……。

今朝は、夕飯の準備をする時間もないまま、慌ただしく出勤です。写真を撮っている場合じゃない！

時折こうして写真におさめることで、出しっぱなしでゴチャゴチャしてしまっている物を片付けるきっかけになっています。

2016年 07月 18日

小さい食器は手洗い

小さい食器をいくつも使ったときは、食洗機に入れず手洗いをするのがけっこう好き。

こんなとき、大きなキッチンだと洗った食器を置くスペースが充分に確保できるので便利です。

息子はリビングの奥で洗濯物を畳んでくれています。平日はほとんど毎日手伝ってくれるので、とても助かるのです。

2016年 07月 19日

インスタグラムって……

インスタグラムって、写真をかわいく加工できるアプリだと思っていた私。

使い方を知り、趣味や好みが似ている方々の写真を覗いてみたり、フォローしてもらったり、今ではたくさんのつながりができました。そして物欲刺激されまくり！ なアプリと化しています。

2016年 07月 23日

アイスをセルフでどーぞ

夏休みは週末ごとに、あちこちの公園で夏まつりが行われます。高学年になりお友達と行く約束をしてくるようになった息子。

待ちきれず昼間から我が家に集合して、ドンジャラやトランプで盛り上がっています。

おやつはセルフでアイスをどうぞ！

■お問い合わせ

本書に関するご質問、正誤表については、下記のWebサイトをご参照ください。

正誤表
http://www.shoeisha.co.jp/book/errata/
刊行物Q&A
http://www.shoeisha.co.jp/book/qa/

インターネットをご利用でない場合は、FAXまたは郵便にて、下記までお問い合わせください。

〒160-0006 東京都新宿区舟町5
FAX番号 03-5362-3818
宛先
（株）翔泳社 愛読者サービスセンター
電話でのご質問はお受けしておりません。

※本書に記載された情報は、各著者のInstagram、ブログ掲載時点のものです。情報、URL等は予告なく変更される場合があります。
※本書の出版にあたっては正確な記述につとめましたが、著者や出版社などのいずれも、本書の内容に対してなんらかの保証をするものではありません。
※本書掲載の商品はすべて私物です。現在入手できないものや、各メーカーの推奨する使用方法ではない場合があります。同様の方法をお試しになる場合は、各メーカーによる注意事項をお確かめの上、自己の責任において行ってください。
※本書に記載されている会社名、製品名はそれぞれ各社の商標および登録商標です。

装丁デザイン	米倉 英弘（細山田デザイン事務所）
DTP制作	杉江 耕平
編集	本田 麻湖

みんなの台所暮らし日記

2016年 9月15日　初版第1刷発行
2016年11月 5日　初版第2刷発行

編者　SE編集部
発行人　佐々木 幹夫
発行所　株式会社 翔泳社（http://www.shoeisha.co.jp）
印刷・製本　大日本印刷株式会社

●落丁・乱丁はお取り替えいたします。03-5362-3705までご連絡ください。

ISBN978-4-7981-4766-6　Printed in Japan.